作者简介

张金宝

财务系统建设专家，金财时代教育科技（北京）有限公司董事长，老板财务精品课程《总裁财税思维》《老板利润管控》《财务体系》《股权财务体系》《资本财务体系》授课导师。

10年大型企业财务总监任职经验，央企财务信息化项目组研究员、总会计师协会特聘教授、注册管理会计师协会考试专家组成员、中国财务技术网创始人，"大财务"思想终身推动者。

曾为数万家民企及数百家大型企业提供财务顾问及咨询服务，包括一汽丰田、华为、伊利、邮储银行、华谊兄弟等企业。为6万多名企业家、财务总监做过财务教练。

已出版作品：《财务的力量：老板财务管控必修课》《财务的力量：民企财务规范5大体系》《财务的力量：老板财税规划100招》《财务的力量：老板财税风险故事集》《金财财税系统》工具包等。

黄传伸

亮时代（北京）教育科技有限公司董事长，注册会计师，税务实筹专家，曾任政府城投公司副总经理、财政局总会计师，地方总部经济发展领导小组核心成员，人大特聘财税顾问，招商引资专家评审委员会专家组成员，多家大型企业首席财税顾问，多地方政府招商部门特邀顾问。

陈光

税务师，会计师，从事财税工作24年，省级货物劳务税、国际税收、税收法律人才库成员，省税务局兼职教师，多次参加国家税务总局和省级税务局执法督察，多地政府财税部门、商务部门、园区财税咨询顾问，具有扎实的理论功底和风控实战经验。

为700余名企业家讲授《老板利润管控》

为800余名企业家讲授《总裁财税思维》

给湖南某医疗集团做《账钱税系统》咨询

给赣州大众汽车做财务体系落地指导

金财控股第88期《老板利润管控》合影留念

金财控股第83期《老板利润管控》合影留念

• 民企老板财税规划书系 •

财务的力量
老板财税规划
100招

张金宝 黄传伸 陈光 | 著

THE POWER OF FINANCE

图书在版编目（CIP）数据

老板财税规划100招 / 张金宝，黄传伸，陈光著. —北京：中国经济出版社，2020.6（2021.10重印）

ISBN 978-7-5136-6059-4

Ⅰ.①老… Ⅱ.①张… ②黄… ③陈… Ⅲ.①民营企业－企业管理－财务管理－研究－中国 ②民营企业－企业管理－税收管理－研究－中国 Ⅳ.①F279.23

中国版本图书馆CIP数据核字（2020）第036827号

责任编辑	严　莉
责任印制	巢新强
封面设计	柏拉图

出版发行	中国经济出版社
印 刷 者	天津文林印务有限公司
经 销 者	各地新华书店
开　　本	880mm×1230mm　1/32
印　　张	10.75
字　　数	241千字
版　　次	2020年6月第1版
印　　次	2021年10月第2次
定　　价	59.80元

广告经营许可证　京西工商广字第8179号

中国经济出版社 网址 www.economyph.com 社址 北京市东城区安定门外大街58号 邮编 100011
本版图书如存在印装质量问题，请与本社销售中心联系调换（联系电话：010-57512564）

版权所有　盗版必究（举报电话：010-57512600）
国家版权局反盗版举报中心（举报电话：12390）　服务热线：010-57512564

序言

财务的力量3：老板财税规划100招

CAIWUDELILIANG

这是一本写给民企老板的税务科普图书，分享以合法方式为企业降低成本的100个案例，也是"民企老板财务普及图书"系列《财务的力量1：老板财务管控必修课》《财务的力量2：民企财务规范5大体系》之后的第三本。

最近几年，每年都有上千家企业报名参加我的《财务体系》课程——这个目前"国内最贵"的财税课程。究其动机，就是因为我会在课堂上针对如何构建合规的财税5大体系进行详细讲解。其中的亮点内容，就包括所谓的"财税规划100招"。

在课程培训的第三天晚上，我会让学员上台PK并分享自己作业。此时，极为精彩。虽然是相同的课程讲解，但是不同企业不同学员的财税筹划落地方案各不相同。有的企业用了这个拆分业务的案例，有的企业参考了那个股权转让的案例，还有的企业五六个案例同时结合使用。每种方法都能不同程度地节省成本，有的宣称能节省资金几十万元，有的则宣称能直接节省资金几千万元。

曾经有一次,一个来自陕西的企业财务总监在讲台上分享作业时,泪流满面。他哽咽着讲:"对不起老板,对不起公司……如果早来听课了,每年至少合法降低成本3000多万元。"该企业的老板坐在台下,心里也是感慨万千。没等作业PK分享完,他就直接上楼来我的酒店房间,明确表示需要聘请我们做财税体系咨询。

在无数次讲财务课程时,调查企业家们发现:"偷税漏税"成了中小民营企业的通病。比如,做两套账、隐藏收入、虚增成本、私人银行卡结算、买卖发票,甚至虚开增值税专用发票,这些行为风险极大。在被调查的企业中,"不做两套账的企业"只有3%左右。

偷税很容易,瞎搞就可以了。上课期间,有一位学员在台上分享:"许多老板,都是一只脚在监狱里面,一只脚在监狱外面。是张金宝老师,把大家拽出来了!"企业家承担财税风险进行经营活动,就像是在走钢丝,一个不慎就会跌入万丈悬崖。

财税规范,是企业经营壮大的必由之路。国家需要财政收入,需要摆脱对土地财政的依赖,不可能允许大家有偷税的行为。因此,税务稽查也越来越严格。

不偷税,企业没利润了怎么办?税务筹划就成了最重要的选择之一。

一切来自实践。我们团队一年给200多家企业提供上门财税辅导,沉淀积累了许多税务筹划方案和案例。

比如,客户不要发票怎么办?供应商不给发票怎么办？缺进项发票怎么办？给商业回扣时财务怎么处理？利润太高，企业所得税太高怎么办？个税太高不想交怎么办？部分员工不想交社保怎么办？个人卡流水过大怎么办？两套账怎么合成一套账？

所以，上课时也不需要讲太多的理论，只需要把其中精彩的解决办法、税务筹划方案和案例分享出来，对企业来说就是极大的价值。

前几天，山东一位做电商的企业董事长听完课程后，明确表示需要聘请我们辅导升级财税管理体系。《咨询服务合同》签订完后，年轻的总裁（职业经理人）带着财务总监、电商子公司财务总监、运营总监3个高管来到我们北京金财总部的办公室，想详细聊聊财税合法合规及筹划的可能性。

总裁称："我们一年的销售额是5亿元，但净利润只有1,000多万元。纳税后，我们可能不是没利润了，而是利润是负数……"

我耐心听完他们的现状与困惑后，在白板前给他们画了一个思维导图。企业现在面临的"财税的抉择"有两个：一是继续偷税——毫无疑问，在金税三期网络时代，国家稽查严格，这完全是死路一条。二是开始合法筹划，但是其结果，也有两种情况。一种是"还有利润"，利润空间还在，一切都还好。另一种是"没利润了"。那怎么办呢？在合法合规的要求下，经营企业没利润了，说明原来赚的钱，就是偷税的钱。这时，至少还有若干个选择。

（1）公司清算，金盘洗手。至少以前赚的钱还可以想办法保住，总比继续偷税然后坐牢失去自由好吧。

（2）企业转型，业务调整。国家都在谈产业结构调整，供给侧改革。10年前的杀毒软件杀不了现在的病毒，30年前的开裆裤不能现在还继续穿，10年前的财务方式不能现在还继续用。

（3）渐进式合法化。把不合法的业务淘汰掉，做大合法业务。把公司拆分成两家，一家完全合法合规，能经得住税务部门的稽查。另一家尽快终止经营并注销。

（4）精细化财务管控，筹划财税。升级业务高管们的财税思维，用财务经营思维去运作企业。合法纳税导致利润减少1,000万元，而用税务筹划方案能降低成本500万元。通过建立内控流程体系、成本管控体系、精细化核算体系、责任中心，独立核算、数据化信息化管控后又可以从其他方面降低成本2,000万元。最终利润比之前还高出不少。

经过2个多小时的探讨，大家一致坚定决心，要快点开始财税体系的升级和完善，"不然连给高管做股权激励都没法做"。

谈到税务筹划，我在课上经常讲："财税筹划，不是对税的筹划。税法是相同的，但不同的业务，纳税不同；不同的业务地点，纳税不同；不同的业务方式，纳税也不同。所以，财税筹划的本质，是对业务和交易的筹划。"

既然是对交易进行筹划，那么在交易之前，就必须进行筹划。在企业发生以下重大交易之前，一定要先考虑筹划问题：股权转让、投资、融资、上市、股权激励、分红、公司形式变更、并购重组、公司分立、公司合并、土地交易、房屋买卖、资产交易、债务重组、重大促销、商业模式调整、重大合同签订等。

  有一天清晨，经老客户介绍，四川绵阳的一位企业家给我打来电话。他说有一家自己100%控股的企业，要卖给一家大型国有公司。该公司注册资金1,000万元，股权转让价格为2.4亿元，这样要交很多个人所得税，有什么办法呢？

  我一听，来劲了。这正是我们热衷的业务啊。我问他，净资产多少，是不是要交4,600多万元的个人所得税。我告诉他，我们能帮忙合法筹划降低成本3,000多万元，但是要收取的咨询服务费的标准是"合法降低税额的20%"。他一听，连忙答应，表示咨询费不是问题。

  我说："整个股权转让、并购交易合同，需要我们来协助起草。交易模式也需要按照我在大课上讲的方式来操作。"这个老板没听过我的《总裁财税思维》课程，所以我在电话里面讲得比较详细。

  听完我的一番话后，老板一声长叹，说："合同已经签订了。对方股权转让第一期款4,000万元已经支付了。没办法撤销合同，更不可能把款退回去了。"

  这个老板找我咨询的时间有点晚了，如果在事前找我，可以降低成本3,000多万元。现在合同都签了，款也付了，再谈财税筹划，真的晚了。我也非常遗憾，咨询费泡汤了。

  近一年，我们的咨询团队光在股权与土地交易环节，就成功交付了几十个财税咨询案。

  所以，财税筹划，一定要从两方面入手：合同和决策。

  但是，有能力起草合同、更改交易或业务，能领导决策层的人修改决策，对税务筹划人员要求极高。

财税规划有三大前提：精通税法、精通业务、创新思维。

一名普通的财务人员或财务经理，能否做到精通税法？说实话，绝大多数财务人员连税法文件都没看完，何谈精通税法？业务都是高管带着业务人员做的，财务经常连合同都没看到，到付款或开票时才知道公司某业务的存在，所以谈何精通业务？财务人员长期与数字打交道，过于理性，而一系列财务规则也导致大多数财务人员思维僵化死板，谈何创新思维？

我刚创办"金财咨询公司"时，有一个曾在顺丰快递总部做过税务总监的人来我公司面试。通过聊天，感觉他的专业能力、思维逻辑、沟通能力都很不错。我问，你为什么离开顺丰，公司不是挺好的吗？

他回答说："公司挺好，年薪待遇也不错，就是3000多个财务人员，其中税务部门就有70多人。"只是，他作为税务总监，干的不是以前想象的研究税法的工作，而是整天都在干"修发票打印机"之类的事情。不是这个打印不出发票了，就是那个纳税申报系统出问题了……"近一年时间，税法都扔一边了，再干下去，专业都忘光了"，于是他果断辞职回了北京。

民营企业的财务负责人，除了"做账、报税、管钱"的通常财务工作，还往往有许多杂事，比如协调关系、融资贷款等各种工作，企业也没有专职的税务岗位。有的财务负责人甚至表示，要集中精力写点东西，往往要等到大家都下班以后才有可能。

许多民营企业老板，喜欢做的一件事情，就是"拿着买自行车的钱，跑汽车4S店想要买一辆奔驰回家"。

买一本财税筹划的书，就想让月薪8,000元的财务人员，给自己的企业做税务筹划。财务人员做不出来，老板就各种不满意。在广州讲课时，有一位财务经理私下跟我说，"张老师，我们老板总想让我们财务部的人去做财税规划。我要是有那种能力，年薪早就超过100万元了。"

事实上，能做到既精通税法，又懂行业与业务模式，还具备创新思维，擅长做财税筹划的人，目前还是挺稀缺的。

财税筹划这件事情，还是让"专业的人"做吧！

诚然，财税咨询行业的老师们见多识广，整天应对各种企业的财税疑难问题。但是，时间长了，发现许多问题是类似或相同的。一个工程企业面临的税务问题，在其他工程企业依然存在。给一个房地产公司做了财税筹划方案，其他房地产公司也可以参照。

财务咨询老师们，给每一家企业做了财务体系升级方案，并辅导落地后，收获了企业的感恩，也收获了成就感。在做咨询辅导时，他们面临着各种挑战，研究了一个个筹划方案、成本管控方案。他们在与企业家的聊天中，也学到了许多企业家的管理思想，以此丰富自己的思维，随后又把学来的思想或总结的方案，分享给下一家企业。财务老师们在不断积累中，充斥着成长的喜悦，以至于后来有了"做咨询的瘾"！

我们金财控股公司，在几年内发展成为一个拥有200多位财务咨询老师、50多家分公司、1300多名员工的团队。我们每年为 2 万多位老板提供财税课程与上门辅导，立志"帮助 100 万家民营企业，打造大财务管理体系"。这是我们的目标，也是我们这群财务咨询师的人生使命。

张金宝
于北京海淀区清华园

前言

税，是任何企业不可忽视的存在。面对高税负、高风险，专业合理的税务筹划是所有企业的必备。

致力于以简明、通俗、易懂的方式，以北京金财控股的张金宝与北京亮时代的黄传伸为原型，本书创立了"金财宝宝"与"亮小一"这样两个阳光正义、精通税法的人物IP，为大家演绎了100个鲜活生动的税筹小故事。故事中一案一例直指税筹实战之需，一招一式细描税筹分析之路。通过对企业经济行为拆解、转换、流程重组优化，经济收入与经济成本规划、分解，科学设计、布局、优化、筹划企业收支行为，合法降低企业税负支出，让企业发展"安税"，让企业家发展"安心"。

本书在参考和吸收中央和地方相关法律法规、政策的基础上，紧密围绕着政府实操和企业实战中所涉及的各项具体事项，提供了有参考价值的操作指引，同时本书择取了颇具代表性的现实案例并展开评析，以增强企业筹划运用和处理企业财税实务的能力。

寥寥数笔，难以尽意。值此春花烂漫之时，期待秋实满硕之季。本书的形成，除了张金宝、陈光与我的耕耘，尤其要感谢过程中程人愿、王国海、李红清、查辉远、盛波平、王旭东、程志鹏、万永华、徐霞、孙菁等人巧妙的建议与不计回报的付出，万方梓、白希楼、杜薇、高若琼、李璐佳也为图书的审阅与校稿付出了巨大的努力，在此，表示由衷的敬意与感谢！

谨以此为前言，与广大读者朋友共勉。

黄传伸

写于深圳

目录

第一篇 增值税的税筹规划案例

第1招：转换身份
——变身小规模纳税人，节省成本10万元　　002

第2招：合理拆分
——一家公司变三家，财税规划成赢家　　005

第3招：改变申报
——小微政策就是好，改改申报赚2万元　　008

第4招：选择进货
——找小规模，还是一般纳税人采购更划算　　011

第5招：有分有合
——业务剥离一拆分，立刻节省成本40万元　　015

第6招：预收改定金
——合同修改2个字，有效取得资金时间差　　018

第7招：代购代销
——直接销售改成代购代销，节省成本70万元　　021

第8招：现金折扣
——不同折扣方式下，如何交税更合理　　024

第9招：进项转出
——买房子既能升值又能节省成本　　027

第10招：送货上门
——三种运输方式，哪一种对企业更有利　　030

第 11 招：运费核算
　　——单独成立物流公司，节省成本 160 万元　　033

第 12 招：巧签合同
　　——合同可以这样签，有效延缓资金压力　　036

第 13 招：购进时机
　　——设备早买和晚买，结果也有大差距　　039

第 14 招：销售方式
　　——委托代销太好了，节省成本还不占资金　　042

第 15 招：租金转押金
　　——钱还是那个钱，换个名称多重要　　045

第 16 招：通信费处理
　　——购机送话费，再送价值 10 万元的方案　　048

第 17 招：清包工
　　——采用哪种方式计算更有利　　050

第 18 招：研发独立
　　——软件业务可退税，独立公司节省 1500 万元　　053

第 19 招：准确核算
　　——账算明白了，不仅好分钱，还可节成本　　056

第 20 招：高低税率
　　——亲兄弟明算账，分开核算节省成本　　059

第 21 招：流程再造
　　——业务流程再造，节约成本 300 万元　　062

第 22 招：税负转移
　　——税收洼地太好用，多数企业都需要　　066

第 23 招：存货贱卖
　　——报废还是跳楼价销售，影响筹划 16 万元　　069

第 24 招：预收款项
　　——采购计划要提前，收到款项再开票　　071

第 25 招：开票时间
　　——发票晚开 1 天，取得 1 月资金时间差　　074

第 26 招： 进销均衡
　　——交税时间要合理，减少资金被占用　　077

第 27 招： 劳务外包
　　——人力成本没有进项发票，怎么办　　080

第 28 招： 放弃免税权
　　——有免税竟然不要，是不是傻　　084

第 29 招： 公事公办
　　——购买写字楼，用个人名义还是公司名义　　088

第 30 招： 促销方式
　　——打折、促销、返现金，商家怎样促销获利更多　　091

第 31 招： 用足优惠
　　——充分利用税收红利，成功节约企业成本　　095

第 32 招： 巧换经营模式
　　——"聘请"变身"代理"，影响筹划40万元　　098

第 33 招： 企业转型
　　——普通家政服务转型为员工制，成功获得筹划空间　　100

第 34 招： 天降贷款
　　——销售合同一修改，交税时间就延缓　　103

第二篇　企业所得税的税筹规划案例

第 35 招： 不征税也困惑
　　——不征税收入要谨慎，一不小心税就多　　108

第 36 招： 移花接木
　　——投资基金可利用，税务筹划有空间　　111

第 37 招： 收购亏损公司
　　——企业并购巧筹划，亏损公司也珍贵　　114

第 38 招： 徐妃半面
　　——先分红再转让，节省成本高达百万元　　116

第 39 招：鸣金收兵
　　　　　——先撤资再转让，令人惊讶的筹划方案　　119

第 40 招：一石二鸟
　　　　　——资产处理得当，可成功增加现金流　　122

第 41 招：春风化雨
　　　　　——拆分公司，尽享小微企业税收红利　　126

第 42 招：绳之以法
　　　　　——巧对利息筹划，打打官司也可以　　128

第 43 招：不忘老朋友
　　　　　——改变预缴企业所得税，换取资金的收益　　130

第 44 招：物以群分
　　　　　——利息费用化，降低企业成本　　133

第 45 招：隔山打牛
　　　　　——签订双边税收协议，巧妙筹划预提所得税　　136

第 46 招：扶贫好策略
　　　　　——残疾员工政策好，加计扣除 100%　　138

第 47 招：多一事不如少一事
　　　　　——境外投资分红直接用于投资，影响筹划 180 万元　　141

第 48 招：帮人不累己
　　　　　——代扣代缴的税费，摇身一变也能节省成本　　144

第 49 招：本是同根生
　　　　　——全资控股母子公司直接划转股权，大幅降低成本　　147

第 50 招：优选企业类型
　　　　　——只要条件符合，每两年便可节约成本 1.75 亿元　　151

第 51 招：定价转移
　　　　　——成立自己的全资商贸公司，节约成本上百万元　　153

第 52 招：优选清算日
　　　　　——巧妙设置清算日，成本节约有空间　　156

第 53 招：踩准"临界点"
　　　　　——大修理变身日常维修，递延纳税即刻现身　　159

第 54 招：内外有别
　　——卡住扣除费用限额点，相互结转节省成本　　162

第 55 招：粗细各异
　　——紧跟农户贷款政策步伐，细化目标计划　　165

第 56 招：量入为出
　　——成立销售公司，增加扣除额度　　168

第 57 招：择善而行
　　——捐赠途径选得好，成本也能少又少　　171

第 58 招：锦上添花
　　——"业务招待费"变身"业务宣传费"　　174

第 59 招：分期确认
　　——紧跟技术创新政策，找准转让临界点　　177

第 60 招：抓大弃小
　　——小微政策优惠多，"公益捐赠"来帮忙　　179

第 61 招：增加基数
　　——分设公司好处多，基数变大成本低　　182

第三篇　个人所得税的税筹规划案例

第 62 招：改变关系
　　——个独+洼地，精准筹划个人所得税　　186

第 63 招：业务分离
　　——公司变得多又多，成本变得少又少　　189

第 64 招：改变时间
　　——非居民卡住183天，节省成本变简单　　192

第 65 招：变更所得
　　——年终奖分得少了，到手的钱却多了　　195

第 66 招：费用转移
　　——费用承担主体变为公司，个税筹划变容易　　198

第 67 招：巧立公司
　　——注册一人有限公司，小微帮你来筹划　　201

第 68 招：合理制薪
　　——拆分高薪，节约成本　　204

第 69 招：均摊拆分
　　——变身合伙企业，节约近一半成本　　208

第 70 招：利用折扣
　　——劳动合同变劳务合同，筹划空间大又大　　211

第 71 招：分年收取
　　——出售变出租，筹划效率高达 60%　　214

第 72 招：两利相权取其重
　　——单一核算 or 整体核算，到底用哪个　　219

第 73 招：公车私用
　　——私车过户到公司，实现一箭三雕的办法　　222

第四篇　土地增值税的税筹规划案例

第 74 招：提高扣除
　　——增加扣除，免征土增税　　228

第 75 招：合理核算
　　——分开核算与否，土增税完全不同　　231

第 76 招：增加环节
　　——销售环节增加得越多，成本节约得越多　　234

第 77 招：利息支付
　　——不提供金融机构证明，轻松筹划 30 万元　　238

第 78 招：代收费用
　　——单独核算 or 并入房价，哪个对企业更有利　　241

第 79 招：利用优惠
　　——控制销售价格，抓住增值率临界点　　244

第80招：两次销售
　　——降低单次销售价格，筹划金额近百万元　　246

第81招：合理定价
　　——销售额、扣除项目关系妙，共同决定土增税　　249

第82招：建造成本
　　——毛坯房变精装房，提高成本轻松筹划　　253

第83招：房产清算
　　——推迟清算时间，取得筹划效果　　256

第84招：企业改制
　　——房产转让改为不动产投资，节约成本5000万元　　259

第85招：企业筹建
　　——巧用企业筹备期，开办费变为前期工程费　　262

第86招：费用移位
　　——改变项目人员的编制，节约成本300万元　　265

第五篇　其他税种的税筹规划案例

第87招：分门别类
　　——准确分开核算，节约资金25万元　　270

第88招：反客为主
　　——比对好综合回收率，节约资金167万元　　273

第89招：示人以虚
　　——投产前，争取较低税额标准，节约资源税　　276

第90招：科学结算
　　——改变结算方式和纳税时间，提高货币时间价值　　278

第91招：金蝉脱壳
　　——选址要紧跟政策步伐，让土地使用税降至0　　280

第92招：增收节支
　　——将土地出租给交警队，安全又节省资金　　283

第 93 招：浑水摸鱼
　　——签订合同要谨慎，延后缴纳印花税 15 万元　　286

第 94 招：化繁为简
　　——合同签得越少，印花税交得越少　　289

第 95 招：合理压缩
　　——签订方式要选好，合同类别要分清　　292

第 96 招：精确核算
　　——同一凭证，多个金额要记好，否则多交印花税　　295

第 97 招：未雨绸缪
　　——剥离厂房和办公用房，轻松搞定房产税　　298

第 98 招：等价交换
　　——房屋购置变等价交换，契税筹划变简单　　301

第 99 招：销售再入股
　　——先销后投，有利于消费税筹划　　303

第 100 招：退货也收益
　　——退货不要怕，补税别着急　　305

后记　我能为你做点什么　　309

第一篇
CAIWUDELILIANG
增值税的税筹规划案例

第 1 招　转换身份
变身小规模纳税人，节省成本 10 万元

张老板是一家塑料用品小型企业的负责人，因为产品质量过硬，经营状况不错，近几年的年销售收入都在 500 万元左右，年利润在 100 万元左右。2019 年国家调整政策要对小微企业减税，张老板从新闻上得知此事，但由于税务知识有限，不知道自己的公司能不能享受国家的减税政策，也不知道能够减多少税。于是在"总裁财税思维"课堂上咨询财税专家金财宝宝，并请求他针对公司实际情况设计相应的财税筹划方案。

财税专家金财宝宝翻阅该公司相关资料后，得知该企业为增值税一般纳税人，2019 年度销售收入可达到 450 万元（不含税）。其中，60% 的材料可以取得专用发票。因此，该企业通过转换身份成为小规模纳税人后，则适用国家新调整的税率政策。

【分析】

2019 年国家税收制度发生了重大

变化。为进一步支持民营企业、小微企业等实体经济发展，持续为市场主体减负，从 2019 年 4 月 1 日起，国家将一般纳税人的增值税税率从 16% 降至 13%、10% 降至 9%，将小规模纳税人认定标准由 50 万元和 80 万元上调至 500 万元，并允许一般纳税人的企业转换为小规模纳税人等。

结合这一政策，张老板的公司如果继续采用一般纳税人的身份，其增值税税率也降为 13%。由于年销售收入未达到 500 万元，张老板也可以将公司转换为增值税小规模纳税人。但要不要转换身份，要看具体的筹划效果如何。如果转换后企业税负减轻了，就应该选择转换身份，将企业从一般纳税人转为小规模纳税人。

在不考虑其他因素情况下，增值税无差别点增值率为 23.08%（3%÷13%=23.08%）。如果实际增值率＞23.08%，则选择小规模纳税人身份可以达到财税规划的目的。

该企业增值率为 40%，远高于 23.08% 的无差别点，因此金财宝宝建议张老板将该公司申请转换为增值税小规模纳税人。

【对比】

筹划前，年应缴增值税 24.84 万元。

具体计算：按一般纳税人计算年纳税额 =120×16%+（450-120）×13%-120×60%×16%-（450-120）×60%×13%=24.84（万元）。

筹划后，年应缴增值税 13.5 万元。

具体计算：按小规模纳税人计算年纳税额 =450×3%=13.5（万元）。

【结果】

通过身份转换这种方式，该公司 2019 年节省成本 11.34 万元（24.84-13.5），同比节省 45.65%。

政策依据

1.《财政部 税务总局 海关总署关于深化增值税改革有关政策的公告》(财政部 税务总局 海关总署公告 2019 年第 39 号）第一条规定：增值税一般纳税人（以下称纳税人）发生增值税应税销售行为或者进口货物，原适用 16% 税率的，税率调整为 13%；原适用 10% 税率的，税率调整为 9%。

2.《关于实施小微企业普惠性税收减免政策的通知》（财税〔2019〕13 号）第五条、第十一条规定：

转登记日前连续 12 个月（以 1 个月为 1 个纳税期）或者连续 4 个季度（以 1 个季度为 1 个纳税期）累计销售额未超过 500 万元的一般纳税人，在 2019 年 12 月 31 日前，可选择转登记为小规模纳税人。

一般纳税人转登记为小规模纳税人的其他事宜，按照《国家税务总局关于统一小规模纳税人标准等若干增值税问题的公告》（国家税务总局公告 2018 年第 18 号）、《国家税务总局关于统一小规模纳税人标准有关出口退（免）税问题的公告》（国家税务总局公告 2018 年第 20 号）的相关规定执行。

本公告自 2019 年 1 月 1 日起施行。

第2招　合理拆分
一家公司变三家，财税规划成赢家

深圳吴总有个烦心事：自己的电子生产企业税负重。一年下来，钱没赚多少，税却交了不少。吴总找来公司财务小张了解情况，财务小张表示公司是依法缴税，并没有多缴。

吴总更纳闷了，同行黄老板的公司经营情况跟自己差不多，日子却过得有滋有味。一天，吴总与黄老板聊天，谈到税务方面，黄老板坦诚地说："让专业的人做专业事，我们做企业的，不需要什么都懂，但一定要用懂的人。"黄老板郑重推荐了他的财税顾问金财宝宝，并且非常自豪地告诉吴总，自从有了财税顾问后，他的公司每年节省的成本都超过100万元。

财税专家金财宝宝进场后了解到，吴总公司2019年全年预计销售收入3,000万元（不含税），该企业已认定为一般纳税人，可以取得1,800万元

的材料专用发票，无法取得进项发票的业务为750万元。

【分析】

增值税一般纳税人购进货物所缴纳的增值税可以作为进项税额进行抵扣；小规模纳税不采用抵扣制，而实行简易征收模式，按征收率计算应纳税额。

吴总公司目前的状况为增值税一般纳税人，要按照销售收入的13%缴纳增值税，其购进货物负担的增值税可以抵扣。如果将无法取得进项发票的业务放在增值税小规模公司，那么，则按3%的征收率缴纳增值税。

因此，财税顾问金财宝宝提出将吴总公司业务一分为三，其中一个为一般纳税人（假定销售收入2,250万元），两个为小规模纳税人（假定销售收入分别为350万元、400万元）。

【对比】

筹划前，年应纳增值税156万元。

具体计算：按一般纳税人计算年应纳增值税=3,000×13%-1,800×13%=156（万元）。

筹划后，年应纳增值税81万元。

具体计算：年应纳增值税=2,250×13%-1,800×13%+750×3%=81（万元）。

【结果】

可以看出，合理拆分后，增值税纳税额大幅度下降，下降到81万元，节省成本接近50%。

政策依据

1.《财政部 国家税务总局关于简并增值税征收率政策的通知》(财税〔2014〕57号)规定:将6%和4%的增值税征收率统一调整为3%。

2.《财政部 税务总局 海关总署关于深化增值税改革有关政策的公告》(财政部 税务总局 海关总署公告2019年第39号)第一条规定:增值税一般纳税人(以下称纳税人)发生增值税应税销售行为或者进口货物,原适用16%税率的,税率调整为13%;原适用10%税率的,税率调整为9%。

3.《财政部 税务总局关于统一增值税小规模纳税人标准的通知》(财税〔2018〕33号)第一条规定:增值税小规模纳税人标准为年应征增值税销售额500万元及以下。

第3招　改变申报

小微政策就是好，改改申报赚2万元

小王今年32岁，之前一直在广州打工，没有一技之长，所在公司不景气被裁员后，回到江西老家。通过亲戚朋友东拼西凑筹了些钱，在县城开了一家小型公司，属于小规模纳税人，营业额不高但总体稳定，比打工强多了。

小王的亲戚金财宝宝是北京金财财税咨询公司的一位财税专家，去年过年期间，小王缠着金财宝宝就公司的财税筹划出出招。金财宝宝发现小王公司虽然销售小、纳税量也较小，但其业务主要集中在季末，其中3月、6月、9月、12月的收入较大，其他月份较小（全年销售收入见下表）。

月份	1月	2月	3月	4月	5月	6月	7月	8月	9月	10月	11月	12月
销售收入（万元）	3	4	20	2	6	21	3	4	22	2	2	25

【分析】

金财宝宝帮助分析，在税收优惠政策中，有一种优惠是免税，对这部分应税收入采取不征税。例如，在增值税中，2019年1月国家对小微企业的扶持，规定了对月收入不超过10万元，按季不超过30万元的免税额。根据该企业销售情况，如果是按月申报纳税，3月、6月、9月、12月将会超过10万元，超过部分无法享受免税额的税收优惠政策；如果改变申报纳税期限，改为按季申报，那么，每个季度就有30万元的收入免税。

金财宝宝建议小王：改变申报纳税期限，将按月申报改为按季申报，可以充分享受税收优惠政策。

【对比】

筹划前，年免税金额0.76万元。

具体计算：年免税收入为26万元，年免税=26÷（1+3%）×3%=0.76（万元）。

筹划后，年免税金额3.32万元。

具体计算：年免税收入为114万元，年免税=114÷（1+3%）×3%=3.32（万元）。

【结果】

只是一个很小的改变，小王每年就可以多获得2万元以上的收益，小王高兴得合不拢嘴。

政策依据

1.《关于实施小微企业普惠性税收减免政策的通知》（财税〔2019〕13号）第一条规定：对月销售额10万元以下（含本数）的增值税小规模纳税人，免征增值税。

2.《国家税务总局关于小规模纳税人免征增值税政策有关征管问题的公告》(国家税务总局公告2019年第4号)规定:

小规模纳税人发生增值税应税销售行为,合计月销售额未超过10万元(以1个季度为1个纳税期的,季度销售额未超过30万元,下同)的,免征增值税。小规模纳税人发生增值税应税销售行为,合计月销售额超过10万元,但扣除本期发生的销售不动产的销售额后未超过10万元的,其销售货物、劳务、服务、无形资产取得的销售额免征增值税。

第4招 选择进货
找小规模，还是一般纳税人采购更划算

湖北某机器制造企业是一般纳税人，老板江总最近发愁了，企业使用的原材料有两种进货渠道：一种是从一般纳税人企业进货，价格为每件含税12元，可以开具增值税专用发票；另一种是从小规模纳税人企业进货，价格为每件含税9元，不能开具增值税专用发票。该企业全年度共需要此种原材料20万件（已知城市维护建设税税率7%，教育费附加征收率3%）。江总要求公司财务部门高度重视此事，并恳请公司税务顾问金财宝宝帮助决策。

【分析】

增值税一般纳税人可以开具增值税专用发票；小规模纳税人不能开具增值税专用发票，但可以到税务局申请代开专用发票。购货方取得代开的发票后，只能按3%的抵扣率抵扣税款，如果是取得普通发票，

则不能进行抵扣（除农产品外）。因此，企业在选择进货对象时，必然要考虑到上述税收规定的差异。

正因为一般纳税人与小规模纳税人之间存在税收抵扣差异，为了弥补差异所带来的损失，进货方往往要求小规模纳税人在价格上给予一定程度的优惠。究竟多大的折让幅度才能弥补损失呢？金财宝宝帮助做了一个核算，这里存在一个价格折让临界点90.24%，具体过程如下：

供应商类型	含税价（元）	增值税率	成本（元）	城建税7%	教育费附加3%	实际成本（元）
一般纳税人	110.82	13%	98.07	0.89	0.38	96.80
小规模纳税人	100.00	3%	97.09	0.20	0.09	96.80

金财宝宝提醒江总，小规模纳税人可以提供税率3%增值税专用发票，价格折让临界点为100÷110.82=90.24%。

如果小规模纳税人不能提供增值税专用发票，则价格折让临界点为100÷114.49=87.34%，具体过程如下：

供应商类型	含税价（元）	成本（元）	城建税7%	教育费附加3%	实际成本（元）
一般纳税人	114.49	101.32	0.92	0.4	100.00
小规模纳税人	100.00	100.00			100.00

当小规模纳税人的购进价格为一般纳税人的购进价格的90.24%时，两个渠道进货收益是相等的；当折扣率＞90.24%时，则选择一般纳税人进货对企业更有利；当折扣率＜90.24%时，则选择小规模纳税人进货对企业更有利。

那么对于江总公司而言，从小规模进货每件9元、一般纳税人进货每件12元，折扣率为9÷12=75%，小于90.24%临界点，则应选择向小规模纳税人进货。

【对比】

筹划前，从一般纳税人进货净成本209.63万元。

具体计算：12×20÷（1+13%）-[12×20÷（1+13%）×13%×（7%+3%）]=209.63（万元）。

筹划后，从小规模纳税人进货净成本174.23万元。

具体计算：9×20÷（1+3%）-[9×20÷（1+3%）×3%×（7%+3%）]=174.23（万元）。

【结果】

从小规模纳税人进货净成本比一般纳税人少近35.40万元。财务向江总汇报后，江总决定从小规模纳税人进货。

政策依据

《中华人民共和国增值税暂行条例》第八条规定：纳税人购进货物、劳务、服务、无形资产、不动产支付或者负担的增值税额，为进项税额。

下列进项税额准予从销项税额中抵扣：

（一）从销售方取得的增值税专用发票上注明的增值税额。

（二）从海关取得的海关进口增值税专用缴款书上注明的增值税额。

（三）购进农产品，除取得增值税专用发票或者海关进口增值税专用缴款书外，按照农产品收购发票或者销售发票上注明的农产品买价和11%的扣除率计算的进项税额，国务院另有规定的除外。进项税额计算公式：进项税额＝买价×扣除率。

（四）自境外单位或者个人购进劳务、服务、无形资产或者境内的不动产，从税务机关或者扣缴义务人取得的代扣代缴税款的完税凭证上注明的增值税额。

准予抵扣的项目和扣除率的调整，由国务院决定。

第5招 有分有合
业务剥离一拆分，立刻节省成本40万元

金鑫板材制品厂的财务经理小李最近担心老板辞退他，因为老板总说同行的税负比自己企业低很多。为此，小李很懊恼：怎样才能将税负有效降低，从而为企业增加效率，这样在老板面前也能凸显自己的价值。但苦于自己水平有限，没有想出更好的办法。于是经朋友的介绍参加了财税专家金财宝宝的财务课程，在上课期间，请求老师的专业支持。

该企业为增值税一般纳税人，2019年估计收入总额为2,000万元（不含税，以下类同），主要包括两部分：一部分是板材制品销售收入，年收入大概为1,600万元（1—4月收入为300万元），另一部分是安装收入，年收入大概为400万元（1—4月收入为100万元）。进项税额估计年总量为200万元。金财宝宝建议小李可将该企业的安装业务分离出来。

【分析】

税法规定，一项销售行为如果既涉及服务又涉及货物，为混合销售。从事货物的生产、批发或者零售的单位和个体工商户的混合销售行为，按照销售货物缴纳增值税；其他单位和个体工商户的混合销售行为，按照销售服务缴纳增值税。该企业的板材制品销售与安装属于混合销售行为，2019年1—4月的销售额按16%计算销项税额，5—12月的销售额按13%计算销项税额。

针对该企业实际情况，金财宝宝建议：把安装业务单独剥离出来，独立组成一个公司。因安装业务年销售额低于500万元，可以申请小规模纳税人进行增值税纳税申报，按照3%的增值税税率计算销项税额，从而降低企业整体税负。

【对比】

筹划前，按混合销售行为应纳增值税为72万元。

具体计算：（300+100）×16%+（2,000-300-100）×13%-200=72（万元）。

筹划后，合理分离后应纳增值税为29万元。

具体计算： 300×16%+1,300×13%-200+400×3%=29（万元）。

【结果】

合理分离后，节省成本43万元。金财宝宝建议小李，尽快将该企业的安装业务分离出来。听完建议后，小李终于露出笑容，可以不用担心被老板辞退了。

政策依据

1.《财政部 国家税务总局关于全面推开营业税改征增值税试点的通知》(财税〔2016〕36号)附件1《营业税改征增值税试点实施办法》第四十条规定：一项销售行为如果既涉及服务又涉及货物，为混合销售。从事货物的生产、批发或者零售的单位和个体工商户的混合销售行为，按照销售货物缴纳增值税；其他单位和个体工商户的混合销售行为，按照销售服务缴纳增值税。

2.《财政部 国家税务总局关于统一增值税小规模纳税人标准的通知》(财税〔2018〕33号)第一条规定：增值税小规模纳税人标准为年应征增值税销售额500万元及以下。

第 6 招　预收改定金
合同修改 2 个字，有效取得资金时间差

一天，金财宝宝的学员朱总来电咨询：自己的公司要向少康实业有限公司提供工程服务，总金额 5,000 万元。合同约定，签约后少康实业向自己企业预付 20% 款项即 1,000 万元的预付款。他咨询金财宝宝是否应该申报缴纳 82.57 万元的增值税并问询是否还有其他处理方式。金财宝宝当即回复并建议将合同约定的预付款改成定金对公司会更有利。金财宝宝让助理查阅相关税法细则后，更确信了自己回答的准确性。

【分析】

增值税条例规定：纳税人发生应税行为并收讫销售款项，或者取得索取销售款项凭据的当天，为增值税纳税义务时间。因此，如果是预收少康实业 20% 的款项，就应该申报纳税。

"定金"的法律定义是指合同当事人为保证合同履行,由一方当事人预先向对方交付一定数额的钱款。企业收取的是保证履约的定金,也无须开具发票,不属于预收款项,则收到定金不用申报纳税。

该案例可以将合同约定的预付款改成定金,合同价款 20% 的预付款改为定金。当定金转作货款时,则必须申报纳税。因此,利用预付款改成定金的方式可以打纳税的时间差。

【对比】

筹划前,收到预收账款,应纳增值税为 82.57 万元。
具体计算:
应缴增值税 =5,000×20%÷(1+9%)×9% =82.57(万元)。
筹划后,收到定金应缴增值税为 0 元。

【结果】

虽然该企业收到预付款项应纳的增值税 82.57 万元并没有减少,但是合同改成定金后,82.57 万元税款可延期缴纳。

政策依据

《财政部、国家税务总局关于全面推开营业税改征增值税试点的通知》(财税〔2016〕36 号)附件 1《营业税改征增值税试点实施办法》第四十五条规定:增值税纳税义务、扣缴义务发生时间为:

(一)纳税人发生应税行为并收讫销售款项或者取得索取销售款项凭据的当天;先开具发票的,为开具发票的当天。

收讫销售款项,是指纳税人销售服务、无形资产、不动产过程中或者完成后收到款项。

取得索取销售款项凭据的当天,是指书面合同确定的付款日期;未签订书面合同或者书面合同未确定付款日期的,为服务、无形资产转让完成的当天或者不动产权属变更的当天。

(二)纳税人提供建筑服务、租赁服务采取预收款方式的,其纳税义务发生时间为收到预收款的当天。

第7招　代购代销
直接销售改成代购代销，节省成本 70 万元

金财宝宝有个同学叫余志富，20 世纪 90 年代高考落榜，因家境原因没有继续学业。随着汹涌澎湃的打工潮的到来，他跟随"不管东西南北中，发家致富来广东"的口号，成为千百万打工者中的一员，毅然南下。他的成长经历俨然是改革开放的缩影：从进厂时的普工，到后来的组长、主管；从给别人打工，到自己创业；从起初的"小老板"到现在的"大老板"。其公司总部在深圳，为国外知名电气设备总代理商，并提供售后服务。

2019 年 5 月，金财宝宝出差到深圳，被老同学硬拉着去公司转转。在同学叙旧时，公司销售经理汇报当前正在跟踪的销售单子。金财宝宝听了个大概，该批设备进价 5,000 万元（不含税），销售价 6,000 万元（不含税），便说："老同学，给你想个办法，只要改变销售

模式即可让你节省成本。"

【分析】

根据增值税法：取得增值税专用发票，其进项税额可以从销项税额中抵扣。该企业1,000万元的增值额应按13%的税率缴纳增值税。

如果改变销售形式，将直接销售改成代购代销，收取代销手续费1,000万元。"营改增"后，代销为现代服务业中的商务辅助服务，应按6%的税率缴纳增值税。也就是，将直接销售改成代购代销，采用二票制，即设备发票由设备供应商直接开票给购买方，代销手续费由代购代销公司开给购买方。

【对比】

筹划前，直接销售应纳增值税130万元。

具体计算： 应纳增值税=6,000×13%-5,000×13%=130（万元）。

筹划后，代购代销应纳增值税60万元。

具体计算： 应纳增值税=1,000×6%=60（万元）。

【结果】

改变销售模式后，应纳增值税由130万元变成60万元，企业节省成本70万元。

政策依据

1.《财政部 国家税务总局关于全面推开营业税改征增值税试点的通知》(财税〔2016〕36号)附件1《营业税改征增值税试点实施办法》第十五条规定：增值税税率：

(一)纳税人发生应税行为，除本条第(二)项、第(三)项、第(四)项规定外，税率为6%。

(二)提供交通运输、邮政、基础电信、建筑、不动产租赁服务，销售不动产，转让土地使用权，税率为11%。

(三)提供有形动产租赁服务，税率为17%。

2.《财政部 国家税务总局关于全面推开营业税改征增值税试点的通知》(财税〔2016〕36号)附件1《营业税改征增值税试点实施办法》规定：现代服务中的商务辅助服务包括经纪代理服务，经纪代理服务是指各类经纪、中介、代理服务。

3.《财政部 税务总局 海关总署关于深化增值税改革有关政策的公告》(财政部 税务总局 海关总署公告2019年第39号)第一条规定：增值税一般纳税人(以下称纳税人)发生增值税应税销售行为或者进口货物，原适用16%税率的，税率调整为13%；原适用10%税率的，税率调整为9%。

第8招 现金折扣
不同折扣方式下,如何交税更合理

2018年初冬,金财宝宝在弟子学员刘总盛情的"挟持"下来到海宁,参加新款皮草展销会。刘总之所以对此次皮草展销会如此感兴趣,是因为她多年闺蜜周琦公司的产品在这参展。两人来到周琦公司皮草展区后,刘总笑着对闺蜜周总说:"人已带到,随便用哈。"说完,便去试穿皮草。

金财宝宝一脸懵,心想:"什么叫随便用?"此时,面带歉意的周总连忙解释,说自己在经营中遇到一些财税疑惑,想当面请教。她介绍到最近公司和一个信誉很好的客户签订了100万元(不含税)的供货合同,合同规定付款期限是30天,付款条件是3/20即20天内付款可以享受3%的现金折扣,并询问这样的做法是否可以节省成本。金财宝宝建议她采用商品折扣的方式即可节省成本。

【分析】

现金折扣是发生在企业销售货物以后，本身不属于销售行为，而是一种融资行为。因此，现金折扣不得从销售额中扣除，企业应该按照全部销售额计算和缴纳增值税。但是，从企业税负角度考虑，商业折扣方式优于现金折扣。如果企业面对的是一个资金信用比较好的用户，货款收回的把握比较大，那么企业可以通过修改合同，将现金折扣改为商业折扣，并把销售额和折扣额写在同一张发票上。这样，企业就可以获得和商业折扣下同样的财税筹划效益。

【对比】

筹划前，按现金折扣应纳销项税额 16 万元。

具体计算： 应纳销项税额 =100×16%=16（万元）。

筹划后，按商业折扣应纳销项税额 15.52 万元。主动压低价格，将合同金额定为 97 万元，同时在合同中约定，超过 20 天付款加收 3 万元滞纳金。

具体计算： 应纳销项税额 =97×16%=15.52（万元）。

【结果】

通过处理，3 万元的折扣不用交税了，直接节省成本 4,800 元。

政策依据

《财政部 国家税务总局关于全面推开营业税改征增值税试

点的通知》(财税〔2016〕36号)附件1《营业税改征增值税试点实施办法》第四十三条规定:纳税人发生应税行为,将价款和折扣额在同一张发票上分别注明的,以折扣后的价款为销售额;未在同一张发票上分别注明的,以价款为销售额,不得扣减折扣额。

第9招 进项转出
买房子既能升值又能节省成本

金财宝宝其实不太喜欢数学,在他眼里,语文和艺术是治国安邦齐家平天下的必修。然而从初中起,金财宝宝的数学成绩异常优异,成为数学老师们的"独宠"。长大后本来仍不想与数字打交道,一不小心却成为一名优秀的财税老师。

一年一度的同学聚会,请来了初中任教的所有老师。令人意外的是,当年的数学老师曹玮早在20年前辞职下海,事业经营得非常出色。

曹老师见到金财宝宝成长得如此优秀深感欣慰,终归是没有辜负他当年的用心栽培。随即,两人坐在一旁的沙发上细聊,谈及创业艰辛更叹守业不易。他提到公司为增值税一般纳税人,2018年10月购置一栋楼房,价款2,000万元,取得增值税专用发票注明税款200万元。此栋楼原计划用于职工宿舍,

但得知税法规定，用于集体福利的进项税额不得从销项税额中抵扣。金财宝宝建议将此购置认定为生产经营或既用于集体福利又用于生产经营，便可抵扣。曹老师一扫愁云，连夸金财宝宝业务精通。

【分析】

税法有规定，用于简易计税方法计税项目、免征增值税项目、集体福利，或者个人消费的购进货物、劳务、服务、无形资产和不动产的进项税额不得从销项税额中抵扣。也就是说，这栋楼因专门用于职工宿舍，200万元的增值税不能抵扣了。如果购置时认定用于生产经营，或者认定为既用于集体福利，又用于生产经营，则可用于抵扣。

【对比】

筹划前，用于集体福利：200万元进项税额不得抵扣。
筹划后，用于生产经营：200万元进项税额可以抵扣。

【结果】

当期可以节省成本200万元，以后改变用途，可进项转出。所以，在这个楼里面，应该尽量做一些研发或办公使用的设计和布局。

政策依据

1.《中华人民共和国增值税暂行条例》第十条规定：下列项目的进项税额不得从销项税额中抵扣：

（一）用于简易计税方法计税项目、免征增值税项目、集体福利或者个人消费的购进货物、劳务、服务、无形资产和不动产；

（二）非正常损失的购进货物，以及相关的劳务和交通运输服务。

2.《财政部 国家税务总局关于全面推开营业税改征增值税试点的通知》（财税〔2016〕36号）附件1《营业税改征增值税试点实施办法》第二十七条规定：下列项目的进项税额不得从销项税额中抵扣：

（一）用于简易计税方法计税项目、免征增值税项目、集体福利或者个人消费的购进货物、加工修理修配劳务、服务、无形资产和不动产。其中涉及的固定资产、无形资产、不动产，仅指专用于上述项目的固定资产、无形资产（不包括其他权益性无形资产）、不动产。

第 10 招　送货上门
三种运输方式，哪一种对企业更有利

金财控股总部办公室的墙上有张照片，那是金财宝宝和幸福连锁超市集团董事长张荣耀的合影。对于金财宝宝来讲，这张照片很有意义：这个客户是学习财税课程，落地执行极其到位，没做咨询案就把财务体系建设得非常完善的一个标杆企业。

那天，张董邀请金财宝宝参观幸福集团新办公大楼并就财税问题做咨询。金财宝宝来到新办公楼，张董和一位干练的女士一同迎接。张董介绍超市今年销售总额为5,000万元（不含税），进货价格为4,000万元（不含税），在销售过程中送货上门产生的运输费用为200万元（不含税）。送货服务方式有三种：一是企业专门的运输车队送货，二是交给专门的运输公司送货，三是代垫运费。对于这三种方式，法务部都草拟了相关合同。金财宝宝建议选用第三种方式最佳。张董表示认同并交代一旁干练的女法务总监对外签订合同。

【分析】

在送货上门服务方式下,不同运输方式给企业带来不同税负。

方式一:企业本身有专门的运输车队送货。这是一种混合销售,产生的价外费用需要被征收增值税,其销售额和运输费一同被计算进增值税的征收范围。

方式二:交给专门的运输公司送货。根据相关规定,企业在进行货物销售之后货物交由其他运输公司进行送货,其增值税进项税额可以抵扣。

方式三:使用代垫运费的送货方式进行服务。这种送货服务的行为不用算入销售额中,不算价外费,不需要同销售额一起被征收增值税。

【对比】

方式一:企业本身有专门的运输车队送货。

具体计算: 应纳税增值税 = (5,000+200) × 13% − 4,000 × 13% = 156(万元)。

方式二:交给专门的运输公司送货。

具体计算: 应纳税增值税 = (5,000+200) × 13% − 4,000 × 13% − 200 × 9% = 138(万元)。

方式三:代垫运费的送货方式进行服务。

具体计算: 应纳税增值税 = 5,000 × 13% − 4,000 × 13% = 130(万元)。

【结果】

选择代垫运费方式进行送货上门,对企业更为有利,比自身车队运输节省成本26万元。

政策依据

《中华人民共和国增值税暂行条例实施细则》第十二条规定:条例第六条第一款所称价外费用,包括价外向购买方收取的手续费、补贴、基金、集资费、返还利润、奖励费、违约金、滞纳金、延期付款利息、赔偿金、代收款项、代垫款项、包装费、包装物租金、储备费、优质费、运输装卸费以及其他各种性质的价外收费。但下列项目不包括在内:

(一)受托加工应征消费税的消费品所代收代缴的消费税。

(二)同时符合以下条件的代垫运输费用。

1.承运部门的运输费用发票开具给购买方的;

2.纳税人将该项发票转交给购买方的。

第 11 招 运费核算
单独成立物流公司，节省成本 160 万元

2019年国庆节假期，金财宝宝全家到南京旅游，受到大学同学李晨扬的热情接待。李晨扬是南京某大型生产企业的财务部经理。闲聊中，李晨扬流露出辞职不干的念头。在金财宝宝的再三追问下，李晨扬才道出难言之隐。

李晨扬介绍到企业每年销售收入 10 亿元，其中运费收入 5,000 万元，销售利润较高，企业高层对财务部一再下达必须降低税负指令，财务部压力很大。金财宝宝建议企业可以单独成立物流公司，单独核算运输收入，即可节省企业成本。

【分析】

该企业每年销售收入含运输费，而且运费收入高达 5,000 万元，货物运费由该企业车队负责。企业销售货物所收取的运输费，如未单独核

算，则并入销售收入一起缴纳增值税；如分别核算，则分别缴纳增值税。该企业可以单独成立物流公司，单独核算运输收入。

【对比】

筹划前，未单独核算，年应缴增值税 575.22 万元。

具体计算：运输费缴纳增值税 =5,000÷（1+13%）×13%=575.22（万元）。

筹划后，单独核算，年应缴增值税 412.84 万元。

具体计算：运输费缴纳增值税 =5,000÷（1+9%）×9%=412.84（万元）。

【结果】

成立物流公司单独核算运输收入，可以节省成本 162.38 万元。

政策依据

1.《国家税务总局关于全面推开营业税改征增值税试点有关税收征收管理事项的公告》（国家税务总局公告 2016 年第 23 号）第七条规定：

试点纳税人兼有销售货物、提供加工修理修配劳务和应税行为的，应税货物及劳务销售额与应税行为销售额分别计算，分别适用增值税一般纳税人资格登记标准。

2.《财政部 税务总局 海关总署关于深化增值税改革有关政策的公告》（财政部 税务总局 海关总署公告 2019 年第 39

号)第一条规定:增值税一般纳税人(以下称纳税人)发生增值税应税销售行为或者进口货物,原适用16%税率的,税率调整为13%;原适用10%税率的,税率调整为9%。

第 12 招　巧签合同
合同可以这样签，有效延缓资金压力

又是一年中秋时，团圆的日子，被爱充盈。在外闯拼的游子望见那轮明月满眼是对家乡的无尽思念。欢饮后，金财宝宝送同在北京创业的黎宁回家。两人一起来北京打拼，几年下来，各有各的家庭和事业，每年的中秋，两个家庭便相约聚会。

在回程车上，黎宁对金财宝宝谈到近期公司签订了一个10,000万元的普通销售合同，但这10,000万元实际是分三个年度收回的：第一年收回5,000万元，第二年收回3,000万元，第三年收回2,000万元，如何税务筹划需要金财宝宝支招。金财宝宝了解到该笔货物进价6,000万元，从公司财税筹划的角度而言，建议将销售合同变更为分期收款销售合同，并在收到款项时开具销售发票，以获得时间差，增加流动资金。

【分析】

依据税法规定,销售收入按合同规定的日期确认收入并计算缴纳各种税金。如签订的普通销售合同,那么这10,000万元销售收入在第一年就要全部确认为收入,并计算缴纳增值税;如签订分期收款合同,则按合同规定的日期缴纳增值税。把普通的销售合同变成分期收款销售合同,并在收到款项时开具销售发票,可以获得时间差,增加流动资金。

【对比】

筹划前,采用普通销售合同,三年合计缴纳增值税520万元。

具体计算:

第一年缴纳增值税=(10,000−6,000)×13%=520(万元)。

第二年缴纳增值税0元。

第三年缴纳增值税0元。

三年合计缴纳增值税为520万元。

筹划后,采用分期收款销售合同。

具体计算:

第一年缴纳增值税=(5,000−3,000)×13%=260(万元)。

第二年缴纳增值税=(3,000−1,800)×13%=156(万元)。

第三年缴纳增值税=(2,000−1,200)×13%=104(万元)。

三年合计缴纳增值税为520万元。

【结果】

两种合同三年缴税虽然总数都是520万元,但在"现金为王"现金流短缺的情况下,可以延缓资金压力。

政策依据

1.《中华人民共和国增值税暂行条例实施细则》第三十八条规定：条例第十九条第一款第（一）项规定的收讫销售款项或者取得索取销售款项凭据的当天，按销售结算方式的不同，具体为：

（一）采取直接收款方式销售货物，不论货物是否发出，均为收到销售款或者取得索取销售款凭据的当天。

（三）采取赊销和分期收款方式销售货物，为书面合同约定的收款日期的当天，无书面合同的或者书面合同没有约定收款日期的，为货物发出的当天。

2.《财政部 税务总局 海关总署关于深化增值税改革有关政策的公告》（财政部 税务总局 海关总署公告2019年第39号）第一条规定：增值税一般纳税人（以下称纳税人）发生增值税应税销售行为或者进口货物，原适用16%税率的，税率调整为13%；原适用10%税率的，税率调整为9%。

第 13 招 购进时机
设备早买和晚买，结果也有大差距

金财宝宝的师弟孙荣博士刚毕业，就来北京投奔师兄。关于就业他不知道该回老家当大学教师，还是留在北京创业。在一次陪同金财宝宝为一家企业提供咨询后，师弟孙荣被金财宝宝在财税方面的专业所折服，决定跟随师兄金财宝宝留京创业。

前来咨询的企业是增值税一般纳税人。2019年8月其销项税额为100万元，购买固定资产以外的货物进项税额为87万元。2019年9月，其销项税额为100万元，购买固定资产以外的货物进项税额为100万元。该企业欲在2019年8月或9月购买一台价值为100万元（不含增值税）的设备来扩大生产，购买当月即可投入使用，预计生产出的产品自购进设备当月起三个月后即可对外销售并实现效益。问询金财宝宝团队几月购进设备对公司更

有利？孙荣建议 8 月购进设备最佳，金财宝宝非常认可。

【分析】

从 2009 年 1 月 1 日起，在全国范围内所有地区、所有行业的增值税一般纳税人都可以抵扣其新购进机器设备所含的增值税进项税额，未抵扣完的部分可以结转到下一期继续抵扣。由于新购进机器设备所含的增值税进项税额可以抵扣，因此企业可以在不影响正常经营的前提下合理选择购进机器设备的时间。

【对比】

筹划前，2019 年 9 月购进设备。

具体计算：

2019 年 8 月应纳增值税 =100-87=13（万元）。

2019 年 9 月应纳增值税 =100-100-100×13%=-13（万元）。

本月不缴增值税，13 万元的增值税进项税额留待以后月份抵扣。

筹划后，2019 年 8 月购进设备。

具体计算：

2019 年 8 月应纳增值税 =100-87-100×13%=0（万元）。

2019 年 9 月应纳增值税 =100-100=0（万元）。

【结果】

从整个纳税周期来说，企业并没有少缴税款。但是，筹划后企业提前享受抵扣，当月少纳增值税 13 万元（13-0），提前 1 个月抵扣，同时也获取收益。

政策依据

《财政部 国家税务总局关于全国实施增值税转型改革若干问题的通知》（财税〔2008〕170号）第一条规定：自2009年1月1日起，增值税一般纳税人购进（包括接受捐赠、实物投资，下同）或者自制（包括改扩建、安装，下同）固定资产发生的进项税额（以下简称固定资产进项税额），可根据《中华人民共和国增值税暂行条例》和《中华人民共和国增值税暂行条例实施细则》的有关规定，凭增值税专用发票、海关进口增值税专用缴款书和运输费用结算单据（以下简称增值税扣税凭证）从销项税额中抵扣，其进项税额应当记入"应交税金—应交增值税（进项税额）"科目。

第 14 招　销售方式
委托代销太好了，节省成本还不占资金

2019年4月，金财宝宝应邀到江西南昌大学为EMBA总裁班的企业家们授课。课后，参加学习的上饶企业家孔凯热情地和金财宝宝打招呼，并表示关于自己新创的企业有问些题想请教一下。

金财宝宝简单与孔凯聊了几句后，就直接切入正题询问他当前的困惑。孔凯也开门见山地说了自己企业面临的选择：企业向某企业销售甲商品10,000件，按协议价2,000元/件结算。该商品成本1,200元/件，4月以后增值税税率由16%下调为13%。双方约定，该企业将商品销售后，再支付货款给自己的企业。该企业第一季度销售2,000件，预计第二季度销售3,000件，第三季度销售2,000件，第四季度销售3,000件。孔凯想咨询是采用直接销售方式还是委托代销方式更能适应企业刚起步的现状。

金财宝宝听了孔凯的讲述之后，斩钉截铁地

给出了答案：采取委托代销方式最适合公司初期发展阶段的财务状况。

【分析】

企业选择合理的销售方式，不仅可以拖延入账时间，达到获得资金的时间价值的目的，而且可以避免不必要的税收损失。

【对比】

筹划前，采取直接销售方式应缴纳增值税 128 万元。
具体计算：
10,000×2,000×16%-10,000×1,200×16%=128（万元）。

筹划后，采用委托代销方式应缴纳增值税 108.8 万元。
具体计算：
第一季度应纳增值税=2,000×2,000×16%-2,000×1,200×16%=25.6（万元）。

第二季度应纳增值税=3,000×2,000×13%-3,000×1,200×13%=31.2（万元）。

第三季度应纳增值税=2,000×2,000×13%-2,000×1,200×13%=20.8（万元）。

第四季度应纳增值税=3,000×2,000×13%-3,000×1,200×13%=31.2（万元）。

全年合计缴纳增值税为 108.8 万元。

【结果】

采用委托代销方式不仅可以节省成本 19.2 万元，而且纳税时间方面也推迟为四个季度分期缴税，减少了企业的资金占用。

政策依据

《中华人民共和国增值税暂行条例实施细则》第三十八条规定：采取直接收款方式销售货物，不论货物是否发出，均为收到销售款或者取得索取销售款凭据的当天。

委托其他纳税人代销货物，为收到代销单位的代销清单或者收到全部或者部分货款的当天。

第15招 租金转押金
钱还是那个钱，换个名称多重要

金财宝宝接到了大学女同学丽丽的电话，说十一黄金周期间会到北京旅游，随行的还有最好的闺蜜思思。金财宝宝由于国庆节期间需要加班，特请金太太全程陪同。

丽丽和思思在国庆节如期而至。金财宝宝在做好同学酒店入住、用餐以及介绍行程安排后，便拜托金太太照顾。在金太太的安排下，两位美女度过了一个快乐的假期。临行前的晚上终于和金财宝宝同桌吃饭。席间，丽丽和思思非常感谢金财宝宝和金太太的精心安排，并欢迎有时间去其老家武汉游玩。思思围绕自身企业的发展在用餐时不断地问询金财宝宝关于财税的事情。她提到自己开着一家电子产品销售公司，是增值税一般纳税人。到年底预计还能销售产品5,000台，单价为3,500元（不含增值税），另外收取包装物费用113元。关于包装物费采用收租金还是收押金的形式请金财宝

指点，金财宝宝建议采用押金方式更有利。

【分析】

包装物租金属于价外费用，凡随同销售产品向购买方收取的价外费用，无论会计如何核算，均应并入销售额计算应纳税额。值得注意的是，对增值税一般纳税人向购买方收取的价外费用，应视为含增值税收入，在征税时应换算为不含税收入再并入销售额。

【对比】

筹划前，采取收取包装物租金的方式，增值税销项税额为234万元。

包装物租金属于产品价外费用，应并入销售额中征收增值税。

具体计算：增值税销项税额=5,000×3,500×13%+5,000×113÷（1+13%）×13%=227.5+6.5=234（万元）。

筹划后，采取收取包装物押金的方式，应缴增值税227.5万元。

包装物在规定期限内收回，且不超过12个月，此项押金不并入销售额中征税。

具体计算：增值税销项税额=5,000×3,500×13%=227.5（万元）。

【结果】

包装物租金应并入销售额计算应纳税额，而包装物押金不并入销售额计算应纳税额。因此企业可以考虑在情况允许时，采取收取包装物押金的方式。采取收取包装物押金的方式，企业可节省成本 6.5 万元。

政策依据

1.《中华人民共和国增值税暂行条例实施细则》第十二条规定：条例第六条第一款所称价外费用，包括价外向购买方收取的手续费、补贴、基金、集资费、返还利润、奖励费、违约金、滞纳金、延期付款利息、赔偿金、代收款项、代垫款项、包装费、包装物租金、储备费、优质费、运输装卸费以及其他各种性质的价外收费。

2.《国家税务总局关于印发〈增值税若干具体问题的规定〉的通知》（国税发〔1993〕154号）第二条规定：纳税人为销售货物而出租出借包装物收取的押金，单独记账核算的，可不并入销售额征税。但对因逾期未收回包装物不再退回的押金，应按所包装货物的适用税率征收增值税。

第16招 通信费处理
购机送话费，再送价值10万元的方案

金财宝宝入京创业以来，一直本着"对外成就客户，对内成就员工"的宗旨，凡事亲力亲为，有问必答、有疑必解，在业界的税务筹划获得良好口碑，也被多家上市公司和大中型企业聘为企业高级财税顾问。

一天，金财宝宝团队服务的一家公司的财务小张在微信上向金财学社微信公众号发来一个问题：我们企业是增值税一般纳税人，公司规定通讯费以票报销，高管通讯费标准1,000元，共11人；中层干部通讯费标准600元，共30人；普通营销人员标准为400元，共200人。通讯费金额较大，每月报销通讯费合计达109,000元。怎样处理该项通信费支出才能达到最佳的财务效果？金财宝宝建议可以由企业直接和电信运营商洽谈购手机送话费业务。

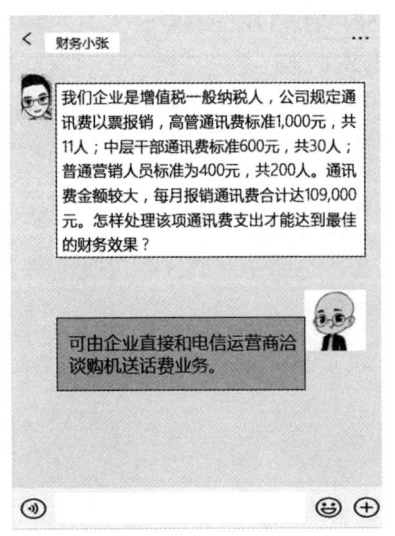

【分析】

税法规定，向消费者个人不得开具增值税专用发票。企业是无法索取增值税专用发票的，只能取得增值税普通发票109,000元，无进项税额，企业不能抵扣增值税。

【对比】

筹划前，直接支出通信费，无进项税额，企业不能抵扣增值税。

筹划后，办理购手机送话费业务后，企业可以取得专用发票，不但可以抵扣所得税，也可以抵扣增值税。

全年企业可以抵扣增值税=109,000÷（1+9%）×9%×12=10.8（万元）。

这样不仅可以解决控制成本合规入账的问题又可以节省成本10.8万元。

【结果】

由企业统一与电信运营商洽谈购手机送话费业务，并取得专用发票。

政策依据

1.《中华人民共和国增值税暂行条例》第二十一条规定：向消费者个人销售货物或者应税劳务的，不得开具增值税专用发票。

2.《中华人民共和国增值税暂行条例》第八条规定：从销售方取得的增值税专用发票上注明的增值税额，进项税额准予从销项税额中抵扣。

第17招 清包工
采用哪种方式计算更有利

2019年10月,金财宝宝应邀到杭州参加北京某研究院组织的一次企业总裁高峰论坛。峰会期间,金财宝宝做了"财务的春天——金税三期下的财税规划"的主题演讲,就企业如何科学、高效地进行税务筹划对参会企业家予以授课,并以互动的形式现场解答企业家们的诸多疑问,省卫视对该峰会还进行了转播。

当天晚上,金财宝宝就接到了在宁波工作的企业家学员的电话,说看到了电视转播,一夜间金财宝宝在浙江企业界名声大噪。得知金财宝宝在浙江后,想请教一个小问题:其建筑劳务公司为增值税一般纳税人,2019年10月承揽了甲公司的某主题乐园的装饰工程,并签订了清包工劳务合同,合同总金额2,000万元。劳务公司包工包料,其中200万元辅材可以取得增值税专用发票。想请问采用哪种计税方式最划算?

【分析】

税法规定，一般纳税人以清包工方式提供的建筑服务，可以选择适用简易计税方法计税。这个规定里面有两个非常重要的字"可以"，也就是说建筑劳务公司在增值税计税方法上有选择的余地。但是，如果选择简易计税方法，则该项目本身所发生的成本中增值税进项税就不可以抵扣；如果选择一般计税方法，则该项目本身所发生的成本中增值税进项就可以抵扣。

【对比】

筹划前，采用一般计税方法下应缴增值税 142.13 万元。具体计算：

应缴增值税 =2,000÷（1+9%）×9%-200÷（1+13%）×13%=142.13（万元）。

筹划后，采用简易计税方法下应缴增值税 58.25 万元。具体计算：

应缴增值税 =2,000÷（1+3%）×3%=58.25（万元）。

【结果】

选择不同的计税方法结果大不一样。那么，到底什么时候选简易计税、什么时候选一般计税呢？这里有一个平衡点，也就是说在这个平衡点上，两种方法没有差别。这个平衡点就是 46.45%= 采购辅料价税 ÷ 工程总价税，当比值大于 46.45% 时，选一般方法；当比值小于 46.45%，选简易计税。

政策依据

《财政部 国家税务总局关于全面推开营业税改征增值税试点的通知》(财税〔2016〕36号)附件2《营业税改征增值税试点有关事项的规定》第一条第(七)项第1款规定:一般纳税人以清包工方式提供的建筑服务,可以选择适用简易计税方法计税。以清包工方式提供建筑服务,是指施工方不采购建筑工程所需的材料或只采购辅助材料,并收取人工费、管理费或者其他费用的建筑服务。

第 18 招 研发独立
软件业务可退税，独立公司节省 1500 万元

周末，金财宝宝和 IT 行业好友王浩相约去郊外一家高尔夫俱乐部切磋球艺。几杆下来，金财宝宝发现好友完全不在状态，就开玩笑问，"老王，咋了，小金库被老婆发现了？"

王浩表示，此老王可不是那隔壁老王，公司正在发展关键时，哪来的闲情野趣，还不是公司最近碰到了问题。"咦！"王浩一拍脑袋，金财宝宝不是专家吗？快帮我把把脉："我公司出售一个整合软件和硬件的综合解决方案，2019 年销售收入 2 亿元（不含税），基本无进项，未分开核算。按照现行税法规定，2 亿元的销售额，要按 13% 缴纳增值税，就是 2,600 万元，不是小数字。看看怎么帮我节省成本？"金财宝宝微微一笑并详细解说筹划细节。

【分析】

国家对软件行业有非常大的扶持力度,这种扶持力度就体现在税收上。增值税法规定,企业销售其自行开发生产的软件产品,按13%税率征收增值税后,对其增值税实际税负超过3%的部分实行即征即退政策。什么意思?就是说自己研发的软件增值税实际税负不高于3%。

对于提供软硬件综合解决方案的企业,就要抓住这个政策,享受这个扶持政策。该企业可以把业务拆分为2个公司,A公司为贸易企业,B公司为研发中心。B公司将自己研发出来的软件,以使用权模式卖给了A公司,A公司整合这个软件和其他硬件,卖给最终客户,B公司一年销售额1.5亿,A公司一年收入2亿元。

【对比】

筹划前,应缴纳增值税2,600万元。
具体计算:
该企业应纳增值税=20,000×13%=2,600(万元)。
筹划后,应缴纳增值税1,100万元。
具体计算:
A公司应纳增值税=(20,000−15,000)×13%=650(万元)。
B公司应纳增值税=15,000×3%=450(万元)。
该企业整体增值税缴纳金额=650+450=1,100(万元)。

【结果】

将软件开发业务独立出来,分开核算,利用政策,享受扶持后,每年可节约成本1,500万元。

政策依据

1.《财政部 国家税务总局关于软件产品增值税政策的通知》(财税〔2011〕100号)第一条规定:增值税一般纳税人销售其自行开发生产的软件产品,按17%税率征收增值税后,对其增值税实际税负超过3%的部分实行即征即退政策。

2.《财政部 税务总局关于调整增值税税率的通知》(财税〔2018〕32号)第一条规定:纳税人发生增值税应税销售行为或者进口货物,原适用17%和11%税率的,税率分别调整为16%、10%。

3.《财政部 国家税务总局 海关总署公告关于深化增值税改革有关政策的公告》(财政部 税务总局 海关总署公告2019年第39号)第一条规定:增值税一般纳税人(以下称纳税人)发生增值税应税销售行为或者进口货物,原适用16%税率的,税率调整为13%;原适用10%税率的,税率调整为9%。

第19招　准确核算
账算明白了，不仅好分钱，还可节成本

一月初，各种商会纷纷举办年会，金财宝宝作为嘉宾受邀参加北京的福建商会联合会并作发言。会上，金财宝宝就当前的财税形势和相关政策做了深入浅出的演讲，演讲过程中掌声不断，获得企业家会员们的一致好评。会议结束后，一位从事生产销售的赵总特意留下来向金财宝宝请教。赵总介绍他的企业是增值税一般纳税人，除了生产销售应税产品外，还销售免税项目。对于如何纳税不是很清晰。

金财宝宝针对赵总的情况，提出公司目前纳税的核心在于是否采用准确核算。假设企业在2019年度购进原材料取得进项税额336万元，该批材料80%用于应税产品。2019年度销售收入2,000万元（不含税），其中应税收入1,400万元、免税收入600万元。采取不同的方式核算，所交税金不同。又补充说明：假设其他条件

不变，但2019年度销售收入中应税收入为1,800万元、免税收入200万元。采取不同的方式核算，所交税金又大不相同。

【分析】

根据税法规定，用于免税项目或非增值税应税劳务的购进货物或者应税劳务，其进项税额不得从销项税额中抵扣。对于无法准确划分的不得抵扣的进项税额，在计算不得抵扣的进项税额时，采用以销售收入为基础计算抵扣。

【对比一】

2019年度销售收入2,000万元（不含税），其中应税收入1,400万元、免税收入600万元。

不准确划分时，不得抵扣的进项税额=336×600÷2,000=100.8（万元）。

准确划分时，不得抵扣的进项税额=336×20%=67.2（万元）。

【对比二】

2019年度销售收入中应税收入为1,800万元、免税收入200万元。

不准确划分时，不得抵扣的进项税额=336×200÷2,000=33.6（万元）。

准确划分时，不得抵扣的进项税额=336×20%=67.2（万元）。

【结果】是否采用准确核算，具体情形具体分析。

例一中：如果采用准确核算免税产品原材料，企业转出进项税额 67.2 万元，比不准确核算少转出进项税额 33.6 万元，可以为企业节省成本 33.6 万元。

例二中：如果采用准确核算免税产品原材料，企业转出进项税额 67.2 万元，比不准确核算多转出进项税额 33.6 万元，企业增加 33.6 万元的税收负担。

政策依据

《中华人民共和国增值税暂行条例实施细则》第二十六条规定：一般纳税人兼营免税项目或者非增值税应税劳务而无法划分不得抵扣的进项税额的，按下列公式计算不得抵扣的进项税额：

不得抵扣的进项税额＝当月无法划分的全部进项税额 × 当月免税项目销售额、非增值税应税劳务营业额合计 ÷ 当月全部销售额、营业额合计。

第20招　高低税率
亲兄弟明算账，分开核算节省成本

金财宝宝自从成为某高校EMBA导师后，因为人亲切随和且财税课程授课生动风趣，深受同学们的认可和喜欢，还被大家称为"老板财税导师"。这天，金财宝宝接到学员王总的求教电话，王总是一家钢材厂的老板，公司为增值税一般纳税人，公司除了销售钢材以外，还销售大米。

他说："公司今年10月销售钢材大概500万元（含税），同时也获得大米销售收入大概200万元（含税），会计核算不清晰，这种情况老师您在上课时讲过按不同的税率纳税，还请老师指教。"金财宝宝说："小王同学以后要认真听讲呀，向您这种情况，根据相关规定，您公司销售钢材适用税率为13%，销售大米适用税率为9%，在纳税时可以分别按照不同的税率缴纳。"王总得到回答后，连声称谢，并保证以后上课好好听讲

并做好记录。

【分析】

该公司主要涉及兼营，兼营是指纳税人经营的业务中，有两项或多项销售行为，但这两项或多项销售行为没有直接的关联和从属关系，业务的发生相互独立。税法规定，如果兼营行为中适用不同税率的，应当分别核算，未分别核算的从高适用税率。

为了避免从高适用税率而加重企业税负，兼有不同税率的企业，一定要将各自的销售额分别核算。如果不能分别核算，那只有从高税率缴税了。

【对比】

筹划前，两类收入未分别核算时按高税率缴税，需纳增值税 80.53 万元。

具体计算：

应纳销项税额＝（500+200）÷（1+13%）×13%=80.53（万元）。

筹划后，两类收入分别核算时，需纳增值税 74.03 万元。

具体计算：

应纳销项税额=500÷（1+13%）×13%+200÷（1+9%）×9%=74.03（万元）。

【结果】

适用不同的税率，分别核算的话，可以为该企业节省成本 6.5 万元。

政策依据

1. 《中华人民共和国增值税暂行条例》第三条规定：纳税人兼营不同税率的项目，应当分别核算不同税率项目的销售额；未分别核算销售额的，从高适用税率。

2. 《财政部 国家税务总局 海关总署关于深化增值税改革有关政策的公告》（财政部 国家税务总局 海关总署公告2019年第39号）第一条规定：增值税一般纳税人（以下称纳税人）发生增值税应税销售行为或者进口货物，原适用16%税率的，税率调整为13%；原适用10%税率的，税率调整为9%。

第21招　流程再造
业务流程再造，节约成本300万元

最近，金财宝宝的同事万律师接了一起财务咨询案，涉及工伤事故纠纷，这周末需要去工伤事故发生的现场取证并深入了解案情，就让正在休息的金财宝宝开车陪同。案件主人公是一家交通运输业的企业老总黄总，员工在工作期间卸货时被货物砸伤，因赔偿金额未达成一致，便起诉公司要求赔偿。

黄总在公司热情接待了他们，并将事故发生过程详细地做了介绍。经过沟通，黄总对万律师的案件分析非常满意，同时也知道金财核心主业是财税辅导，于是找准机会询问关于公司有关财税规划方面的问题。黄总询问道："像我们这样的交通运输业企业，是增值税一般纳税人。7月的营业额是3,000万元，其中装卸、搬运、仓储等物流服务占40%，但是进项税额不足，增值税税负增加明显，

7月份的营业额是3,000万元，其中装卸、搬运、仓储等物流服务占40%，进项税额不足，增值税税负增加明显。

增值税一般纳税人

这种情况很是困扰。今天有这样的机会遇到您这位专家，还请多多指教。"金财宝宝想了想回答道："针对您这种情况，可以采取业务流程再造实现成本的降低。"黄总顿时眼前一亮："愿闻其详，十分感谢。"金财宝宝继续谈道："流程再造是通过对现有业务流程的梳理和重新组合优化，实现节省企业成本的目的。不同的税率差异，可以为企业开展业务、选择供应方、集团内各关联公司协作提供多种选择和财税规划空间。"

【分析】

该企业 40% 的业务量为装卸、搬运、仓储等物流服务，这部分属于纯劳务收入为物流辅助服务，劳务成本较高，可抵扣进项少。根据税法规定，交通运输业适用税率为 9%，物流辅助服务适用税率为 6%。

为此，该企业可以通过分立重组将企业业务一分为二，分别成立业务单纯的交通运输公司和物流辅助服务公司，成立两个独立运营业务模块公司。

【对比】企业业务流程再造，将税负低的业务独立出来。

筹划前，7 月应纳销项税额 270 万元。
具体计算：
7 月应纳销项税额 =3,000×9%=270（万元）。
筹划后，7 月应纳销项税额 234 万元。
具体计算：
7 月应纳销项税额 =1,800×9%+1,200×6%=234（万元）。

【结果】

业务流程再造后,物流辅助业务收入 1,200 万元,适用 6% 的税率。进项税额没有改变的情况下,每月节省成本达 36 万元。

政策依据

1.《财政部 国家税务总局关于全面推开营业税改征增值税试点的通知》(财税〔2016〕36 号)附件 1《营业税改征增值税试点实施办法》第十五条规定增值税税率:

(一)纳税人发生应税行为,除本条第(二)项、第(三)项、第(四)项规定外,税率为 6%。

(二)提供交通运输、邮政、基础电信、建筑、不动产租赁服务,销售不动产,转让土地使用权,税率为 11%。

(三)提供有形动产租赁服务,税率为 17%。

(四)境内单位和个人发生的跨境应税行为,税率为零。具体范围由财政部和国家税务总局另行规定。

《销售服务、无形资产、不动产注释》物流辅助服务,包括航空服务、港口码头服务、货运客运场站服务、打捞救助服务、装卸搬运服务、仓储服务和收派服务。

2.《财政部 税务总局关于调整增值税税率的通知》(财税〔2018〕32 号)第一条规定:纳税人发生增值税应税销售行为或者进口货物,原适用 17% 和 11% 税率的,税率分别调整为 16%、10%。

3.《财政部 国家税务总局 海关总署关于深化增值税改革有关政策的公告》(财政部 国家税务总局 海关总署公告2019年第39号)第一条规定:增值税一般纳税人(以下称纳税人)发生增值税应税销售行为或者进口货物,原适用16%税率的,税率调整为13%;原适用10%税率的,税率调整为9%。

第22招 税负转移
税收洼地太好用,多数企业都需要

金财宝宝老家是国家级贫困县,人口多、面积大、底子薄,农业占主导地位,财政收入与财政支出不匹配。在金财宝宝的影响下,当地县委、县政府及时调整了原有的招商引资思路:一是利用当地劳动力、土地等优势资源,对接发达地区转移的电子制造、五金加工等产业,扶优、扶强重点龙头企业打造实体经济产业园;二是利用各项税收优惠建立"税收洼地",吸引商贸、物流、电子商务产业打造总部经济产业园。

在总部经济产业园打造过程中,金财宝宝成功帮助引进了一家大型生产企业的贸易总部落户。该企业为增值税一般纳税人,年销售额达10亿元(不含税),其中80%可取得专用发票进行抵扣,企业在2019年度缴纳增值税高达2,600万元。通过贸易总部转移了10%的增值额,并享受了

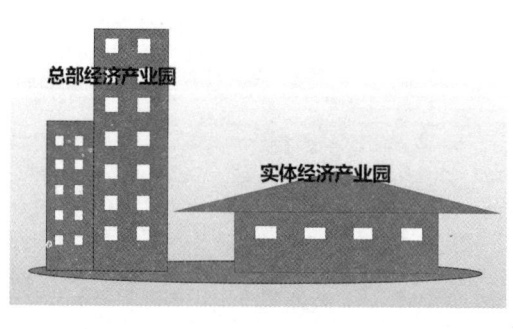

"税收洼地"政策扶持,从而为企业节省了成本。

【分析】

根据我国现行的财税体制,不同的税种,中央与地方按不同的比例进行财力分配。比如增值税,中央与地方各分成50%,有的地方就将其40%扶持企业。这就给地方政府招商引资带来了可操作的空间。很多欠发达地区采取"企业奖励""企业扶持"等方式,实行税收奖返,以实现财政收入总量增长。这就是所谓的"税收洼地"效应,通过"税负转移"将一部分增值额转移到"税收洼地"。

【对比】

筹划前,应纳增值税2,600万元。
具体计算:
应纳增值税额=100,000×20%×13%=2,600(万元)。
筹划后(假定转移一半增值额),应纳增值税2080万元。
具体计算:
原企业应纳增值税=100,000×10%×13%=1,300(万元)。
贸易公司应纳增值税=100,000×10%×13%=1,300(万元)。
地方政府扶持金额=1,300×40%=520(万元)。
企业合并实际增值税税负=1,300+1,300-520=2,080(万元)。

【结果】

通过注册贸易公司,税负进行了转移,这部分的税收可以享受地方政府的扶持政策,可以直接为企业节省成本520万元。

政策依据

1.《国家税务总局关于纳税人对外开具增值税专用发票有关问题的公告》(国家税务总局公告2014年第39号)规定:

纳税人通过虚增增值税进项税额偷逃税款,但对外开具增值税专用发票同时符合以下情形的,不属于对外虚开增值税专用发票:

一、纳税人向受票方纳税人销售了货物,或者提供了增值税应税劳务、应税服务;

二、纳税人向受票方纳税人收取了所销售货物、所提供应税劳务或者应税服务的款项,或者取得了索取销售款项的凭据。

2.《财政部 国家税务总局 海关总署关于深化增值税改革有关政策的公告》(财政部 国家税务总局 海关总署公告2019年第39号)第一条规定:增值税一般纳税人(以下称纳税人)发生增值税应税销售行为或者进口货物,原适用16%税率的,税率调整为13%;原适用10%税率的,税率调整为9%。

第23招 存货贱卖
报废还是跳楼价销售,影响筹划16万元

2018年年关,金财宝宝被某省建材与门业商会聘请为商会财税顾问,并接受了商会杂志社的视频采访。采访时,金财宝宝表示非常荣幸并承诺一定会为全体会员提供最专业、实用的财税筹划服务。

就职典礼结束后,商会的执行会长喻总就自身企业的问题,请金老师答疑解惑。喻总的公司是一家零售企业,采购了一批商品,增值税发票显示价款100万元,增值税16万元。货已验收入库,但由于种种原因,商品即将过期变质,产品要面临毁损,不知道这种情况能否有税务筹划的空间。金老师分析:这种情况要从认定是否为正常损失方面入手。

【分析】

税法规定,企业非正常损失的购进货物的进项税额不得从销项税额中抵扣。因此,纳税人生

产或购入在货物外包装或使用说明书中注明有使用期限的货物,超过有效(保质)期无法进行正常销售,需作销毁处理的,可视作企业在经营过程中的正常经营损失,不纳入非正常损失。

也就是说,如果认定为非正常损失,那么16万元的进项就不能抵扣,企业就需多缴纳16万元的增值税。

假如将这批货物进行贱卖,把它认定为正常损失的话,16万元的进项就可以抵扣了,企业可以节省成本16万元。

【对比】

筹划前,非正常损失处理进项转出金额16万元。

筹划后,正常损失处理进项转出金额0万元。

【结果】

对于零售企业在储存过程中发生存货的毁损,我们采取贱卖方式比报废处置更为有利。

政策依据

《中华人民共和国增值税暂行条例实施细则》第二十四条规定:非正常损失是指因管理不善造成被盗、丢失、霉烂变质的损失。

第24招 预收款项
采购计划要提前，收到款项再开票

某心理学大师国庆期间在四川成都举办训练营，金财宝宝的儿子需要参加，要金财宝宝陪他去成都。正好前段时间在四川成都从事建筑行业的粉丝学员方总想邀请金财宝宝为公司做税务筹划，金财宝宝于是决定和儿子一同赴成都。

抵达成都后，学员方总热情接待，儿子去参加训练营了，金财宝宝便随方总去了他的建筑公司。两人寒暄一番后，对企业税务筹划一事进行交流。方总的建筑公司，前期通过招投标承揽了贵州一条省道的建设工程，工程总造价6.6亿元，并且政府为尽快推进项目，在开工之前先拨付工程启动资金1.1亿元。方总了解到，收到预收账款当天，如果没有进项就要交增值税，所以请金财宝宝为自己做个税务筹划。金财宝宝一看合同资料，马上做好了筹划方案：建议公司提前做好采购计划。

【分析】

先开票没错，票是真的，增值税发票是全国联网的，有编号，国家系统就生成了。票虽然抵扣认证没问题，上面有开票时间，但是有发票没有采购行为怎么办？没有合同，肯定没付钱，没有资金流，也没提供货物，就是说没有材料供应。没有合同流、物流、资金流，只有票流。刑法里面，这就是没有真实交易下的开票行为，叫虚开发票。正确做法是：工程还没有动工，建筑企业提前做采购计划，与供应商签订采购合同。合同中约定：预付一部分货款或定金给供应商，供应商必须在建筑施工企业工程未开工前收到业主支付预付款的增值税纳税申报期限内（一般在收到预收账款的下个月的15日之前），向施工企业开具13%税率的增值税专用发票（收了定金代表合同正在履行，这个票就没问题了，可以抵扣不属于虚开）。提前做好采购计划，收到预付款开具发票。

【对比】

筹划前，收到预收款不开具销售发票，预缴增值税201.83万元。

具体计算：

预缴增值税=11,000÷（1+9%）×2%=201.83（万元）。

筹划后，收到预收款开具销售发票，假定收到6,000万元专票，应缴增值税128.26万元。

具体计算：

应缴增值税=11,000÷（1+9%）×9%-6,000×13%=128.26（万元）。

【结果】

73.57万元的税款本该马上缴纳，但通过筹划，可以延期到以后再交，也就是说，企业获得了73.57万的无息贷款。

政策依据

1.《财政部 税务总局关于建筑服务等营改增试点政策的通知》（财税〔2017〕58号）第三条规定：纳税人提供建筑服务取得预收款，应在收到预收款时，以取得的预收款扣除支付的分包款后的余额，按照本条第三款规定的预征率预缴增值税。按照现行规定应在建筑服务发生地预缴增值税的项目，纳税人收到预收款时在建筑服务发生地预缴增值税。按照现行规定无需在建筑服务发生地预缴增值税的项目，纳税人收到预收款时在机构所在地预缴增值税。适用一般计税方法计税的项目预征率为2%，适用简易计税方法计税的项目预征率为3%。

2.《中华人民共和国增值税暂行条例》第十九条规定：增值税纳税义务发生时间：发生应税销售行为，为收讫销售款项或者取得索取销售款项凭据的当天；先开具发票的，为开具发票的当天。

3.《财政部 国家税务总局 海关总署关于深化增值税改革有关政策的公告》（财政部 国家税务总局 海关总署公告2019年第39号）第一条规定：增值税一般纳税人（以下称纳税人）发生增值税应税销售行为或者进口货物，原适用16%税率的，税率调整为13%；原适用10%税率的，税率调整为9%。

第25招　开票时间
发票晚开1天，取得1月资金时间差

金财宝宝的妻子在闲暇时很喜欢看偶像剧。周末，金财宝宝又在陪妻子刷剧，剧中的主角是位"霸道"总裁，大刀阔斧对自己家族的全国服装龙头企业进行改革，也取得了卓越的成绩。为了进军国际市场，"霸道"总裁的企业通过激烈的竞标赢得了东南亚某国的特种救援队作业服换装订单，整个订单金额达到了1.2亿元，且投标方按合约规定在当月最后一天支付了前期预付资金3,000万元，企业的财务在确认收到款项后立即向对方开具了增值税专用发票。看到这一幕，金财宝宝笑着对妻子说："这位总裁虽然'霸道'，但还是需要个像我这样的税务人才啊。"

金财宝宝说他曾经做过一个类似的税务筹划：一个企业为增值税一般纳税人，增值税纳税期限为一个月。2019年10月31日该企业收到一笔资金2,000万元，按规定应当开具增值税专用发票，并

申报缴纳税款,然而经过筹划后为企业筹集了一笔数额不小的无息贷款。

【分析】

根据税法规定,增值税纳税期限为一个月的,应该在期满之日起 15 日内申报纳税。也就是说,该笔款项必须在 11 月 15 日前申报纳税。但是,如果开票时间推迟一天,11 月 1 日出票,那么,纳税申报时间就变成 12 月 15 日前了,整整可以推迟一个月。增值税专用发票开具或取得时间筹划总体原则是:开具放月初,取得放月末,打好时间差,效益自然来。

【对比】

筹划前,该公司 11 月申报缴纳增值税 230.09 万元。
具体计算:
应纳增值税 =2,000÷(1+13%)×13%=230.09(万元)。
筹划后,该公司 11 月不申报缴纳增值税,12 月才申报该笔增值税款。

【结果】

筹划后企业可获得一个月 230.09 万元的无息贷款。

政策依据

1.《中华人民共和国增值税暂行条例》第二十三条规定:增值税的纳税期限分别为 1 日、3 日、5 日、10 日、15 日、1

个月或者1个季度。纳税人的具体纳税期限,由主管税务机关根据纳税人应纳税额的大小分别核定;不能按照固定期限纳税的,可以按次纳税。

纳税人以1个月或者1个季度为1个纳税期的,自期满之日起15日内申报纳税;以1日、3日、5日、10日或者15日为1个纳税期的,自期满之日起5日内预缴税款,于次月1日起15日内申报纳税并结清上月应纳税款。

2.《财政部 国家税务总局 海关总署关于深化增值税改革有关政策的公告》(财政部 国家税务总局 海关总署公告2019年第39号)第一条规定:增值税一般纳税人(以下称纳税人)发生增值税应税销售行为或者进口货物,原适用16%税率的,税率调整为13%;原适用10%税率的,税率调整为9%。

第26招 进销均衡
交税时间要合理，减少资金被占用

金财宝宝的同学白大伟去年在北京开立了一家税务师事务所。为了开拓市场，白大伟与北京东城区税务局合作，携手其他10家税务师事务所共同对东城区内的企业进行税务稽查。由于任务时间紧、工作量大，白大伟的税务师事务所出现了人员紧张的局面，不得已，大伟只得求助金财宝宝，接到大伟的邀请后，金财宝宝当即带队出发。

在一家企业进行稽查时，金财宝宝发现该企业2018年10—12月销项税额分别为1,000万元、1,500万元、1,200万元；进项税额分别为200万元、1,000万元、1,000万元。金财宝宝对该企业老总说："袁总，我看您一直抱怨银行贷款利息高，怎么现在有现成的无息贷款却不抓住呢？"袁总一听这话，立即握着金财宝宝的手说："金总，你也知道我是个粗

2018年10—12月预计销项税额分别为1,000万元、1,500万元、1,200万元，进项税额分别为200万元、1,000万元、1,000万元。

人,有这样的好事您一定要教教我啊!"金财宝宝建议可均衡缴税。

【分析】

根据税法规定,当期应缴纳增值税等于当期销项税额减当期进项税额。如果,当期销项税额与进项税额不匹配,当期就会缴税或留抵下期,占用企业资金。一般情况下,财务人员在统筹好销项的同时,做好进项发票取得时间及认证时间,达到均衡缴税或延迟缴税的目的。

【对比】

筹划前,该公司10—12月缴税分别为800万元、500万元、200万元,合计1,500万元。

筹划后,该公司10—12月缴税分别为500万元、500万元、500万元,合计1,500万元。

【结果】

筹划后,10月少缴税300万元,12月多缴税300万元。企业多了300万元的流动资金。

政策依据

《中华人民共和国增值税暂行条例》第四条规定:除本条例第十一条规定外,纳税人销售货物、劳务、服务、无形资产、不动产(以下统称应税销售行为),应纳税额为当期销项

税额抵扣当期进项税额后的余额。应纳税额计算公式:

$$应纳税额 = 当期销项税额 - 当期进项税额$$

当期销项税额小于当期进项税额不足抵扣时,其不足部分可以结转下期继续抵扣。

第27招　劳务外包
人力成本没有进项发票，怎么办

金财宝宝近日去广州出差，在飞机上偶遇一位乘客，通过谈话交流，金财宝宝得知这位乘客是一家制造企业的老总，从老总的表述中也得知企业的生产经营状况。他的企业主要从事零件制造，制造过程有开料、打磨、钻孔和组装四个生产工序，其中开料、钻孔、组装机械化程度高，人力成本相对较低，而打磨工序全部是人工操作，属于超劳动密集型行业。据企业的财务反映，企业产品增值税中，有30%属于人力成本，这意味着有30%的增值部分是无法实现进项抵扣的。2019年该企业预计实现产值5亿元，仅这一项不能进项抵扣的增值税，就多达1,950万元。老总正为此事发愁。

金财宝宝笑着说："你是坐上了对的车，遇上了对的人。针对这种情况，我帮其他公司做过很成功的税务筹划。我们也算是有缘人，我可以好好为你

的公司做个筹划。"老总盛情邀请金财宝宝到公司实地指导并帮助做财税筹划。经实地考察,金财宝宝建议企业可以将劳动密集型的打磨工序外包。

【分析】

　　税法规定,当期应缴纳增值税等于当期销项税额减当期进项税额。因人力成本无法取得增值税专用发票,故此,无法进行抵扣。问题的关键是,能不能取得专用发票。该企业打磨工序全部由人工操作,这个环节的人工成本占了销售额的20%。如果将打磨工序交给别的企业去做,即企业开料后,把半成品卖给另一家打磨企业,打磨好了再把半成品买回来。当然,这家代加工的打磨企业必须是一般纳税人。这样一来,就可以取得专用发票了。

【对比】

　　外包前:无法取得专用发票,用于抵扣。

　　外包后:劳动密集型工序转到外厂后,实现进项抵扣的高额人力成本转嫁。该企业产品增值额中,人力成本降为10%。

　　在同样5亿元的产值中,这部分不能抵扣的增值税降为650万元[50,000×(30%-20%)×13%],节省资金1,300万元(1,950-650)。

【结果】

　　将打磨工序外包后,可以为企业节省成本1,300万元。

政策依据

1.《中华人民共和国增值税暂行条例》第四条规定：除本条例第十一条规定外，纳税人销售货物、劳务、服务、无形资产、不动产（以下统称应税销售行为），应纳税额为当期销项税额抵扣当期进项税额后的余额。应纳税额计算公式：

应纳税额＝当期销项税额－当期进项税额

当期销项税额小于当期进项税额不足抵扣时，其不足部分可以结转下期继续抵扣。

2.《中华人民共和国增值税暂行条例》第八条规定：纳税人购进货物、劳务、服务、无形资产、不动产支付或者负担的增值税额，为进项税额。

下列进项税额准予从销项税额中抵扣：

（一）从销售方取得的增值税专用发票上注明的增值税额。

（二）从海关取得的海关进口增值税专用缴款书上注明的增值税额。

（三）购进农产品，除取得增值税专用发票或者海关进口增值税专用缴款书外，按照农产品收购发票或者销售发票上注明的农产品买价和11%的扣除率计算的进项税额，国务院另有规定的除外。进项税额计算公式：进项税额＝买价×扣除率。

（四）自境外单位或者个人购进劳务、服务、无形资产或者境内的不动产，从税务机关或者扣缴义务人取得的代扣代缴税款的完税凭证上注明的增值税额。

准予抵扣的项目和扣除率的调整，由国务院决定。

3.《财政部 国家税务总局 海关总署关于深化增值税改革

有关政策的公告》(财政部 国家税务总局 海关总署公告 2019 年第 39 号)第一条规定:增值税一般纳税人(以下称纳税人)发生增值税应税销售行为或者进口货物,原适用 16% 税率的,税率调整为 13%;原适用 10% 税率的,税率调整为 9%。

第28招 放弃免税权
有免税竟然不要,是不是傻

  H公司是一家服务企业,该企业既有应税项目又有免税项目。公司老板林总的侄子小林即将大学毕业,为了增加社会实践经验,小林到公司财务部实习。因为其主修的是税收学专业,在财务部实习期间,他了解到叔叔公司由于免税项目的业务尚处于开拓期,需在未来3年大量购置固定资产,进项数额比较大。如果没有做好筹划,企业税负会明显偏高。小林在翻看了企业的财务资料后,提出一些税收筹划方案。并通过学习金财宝宝的网上视频,拉着叔叔一起参加了《总裁财税思维》线下课程,探讨税收筹划方案。

  经了解,金财宝宝得知该企业2018年10月应税收入共1,000万元(不含税),免税收入212万元,进项税额80万元(其中:无法划分的进项税额50万元,专用于免税项目

的购进固定资产进项税额 30 万元）。对于筹划方案，金财宝宝建议放弃免税权，可以降低企业成本。

【分析】

增值税的免税政策有可能因为割裂了上下游企业之间的增值税抵扣链条而产生重复征税，影响市场机制的正常作用。加之免税收入部分不能开具增值税专用发票，可能影响企业产品的销售价格和销售数量，对企业经营和产业发展产生负面影响。因此，增值税一般纳税人如果存在免税收入，应根据具体情况进行适用不同政策的情况下具体税负的详细测算，以确定利弊，择优选择。

一般情况下，当免税收入进项大于放弃免税权后的应纳税额时，企业可以考虑放弃免税权。

【对比】

方案一：享受免税权

2018年10月应税收入销项税额为 1,000×6%=60（万元），应分摊转出的进项税=50×212÷（1,000+212）=8.75（万元），专用于免税项目的购进固定资产进项税额 30 万元不能抵扣，则应缴增值税=60-（50-8.75）=18.75（万元）。

方案二：放弃免税权

2018年10月销项税额为 1,000×6%+(212÷1.06×6%)=60+12=72（万元），进项税额共 80 万元，则应缴增值税=72-80=-8（万元），最终形成留抵税额 8 万元。

【结果】

测算结果说明，选择放弃享受免税政策，企业可以有效降低成本。而且由于公司未来3年还要进行用于免税业务的硬件投入，且进项税额比较大，免税收入增速不会太快，3年内放弃免税比较合理。

政策依据

1.《中华人民共和国增值税暂行条例》第十条规定：用于免征增值税项目的购进货物或者应税劳务，其进项税额不得从销项税额中抵扣。

2.《中华人民共和国增值税条例实施细则》第二十一条规定：条例第十条第（一）项所称购进货物，不包括既用于增值税应税项目（不含免征增值税项目）也用于非增值税应税项目、免征增值税（以下简称免税）项目、集体福利或者个人消费的固定资产。

3.《财政部 国家税务总局关于全面推开营业税改征增值税试点的通知》附件1《营业税改征增值税试点实施办法》第二十七条第（一）项规定下列项目的进项税额不得从销项税额中抵扣：用于简易计税方法计税项目、免征增值税项目、集体福利或者个人消费的购进货物、加工修理修配劳务、服务、无形资产和不动产。其中涉及的固定资产、无形资产、不动产，仅指专用于上述项目的固定资产、无形资产（不包括其他权益性无形资产）、不动产。

《财政部 国家税务总局关于全面推开营业税改征增值

试点的通知》附件1《营业税改征增值税试点实施办法》第二十九条适用一般计税方法的纳税人,兼营简易计税方法计税项目、免征增值税项目而无法划分不得抵扣的进项税额,按照下列公式计算不得抵扣的进项税额:

不得抵扣的进项税额=当期无法划分的全部进项税额×(当期简易计税方法计税项目销售额+免征增值税项目销售额)÷当期全部销售额

4.《财政部 国家税务总局关于全面推开营业税改征增值税试点的通知》附件1《营业税改征增值税试点实施办法》第四十八条规定:纳税人发生应税行为适用免税、减税规定的,可以放弃免税、减税,依照本办法的规定缴纳增值税。放弃免税、减税后,36个月内不得再申请免税、减税。

5.《国家税务总局关于加强免征增值税货物专用发票管理的通知》(国税函〔2005〕780号)规定:增值税一般纳税人销售免税货物,一律不得开具专用发票(国有粮食购销企业销售免税粮食除外)。如违反规定开具专用发票的,则对其开具的销售额依照增值税适用税率全额征收增值税,不得抵扣进项税额,并按照《中华人民共和国发票管理办法》及其实施细则的有关规定予以处罚。

第29招 公事公办
购买写字楼，用个人名义还是公司名义

财税专家金财宝宝每年都有陪妻儿回老家过年的习惯，一来是孝敬父母，二来是走亲访友。随着金财宝宝的知名度不断提升，回家过年也变成了一种幸福的"负担"。当地政府官员、大小企业老板都会慕名拜访，不是了解国家经济形势，就是咨询财税政策。几天下来，"过年七天乐"实际上变成了研讨会、座谈会。

2019年元旦期间，金财宝宝应邀参加当地工业园区组织的"明星企业座谈会"。在座谈会中认识了一家电子网络公司的万总，万总正计划在市中心购买一栋价款2,000万元的写字楼作为办公楼。到底是用个人名义还是公司名义购买，万总想请金财宝宝给个指导意见。

金财宝宝系统分析最新经济形势后，谈了自己对财税方面的观点，

企业税务筹划无处不在，关键看如何去运用它。针对万总购买写字楼是用个人名义还是公司名义，金财宝宝道出了"公事公办"筹划方案。

【分析】

增值税一般纳税人购进货物所缴纳的增值税可以作为进项税额进行抵扣。万总网络公司目前的状况，为增值税一般纳税人，以公司名义购进写字楼相应的增值税进项可以抵扣。如果以股东个人的名义购买写字楼，则网络公司无法取得进项发票，公司将损失一大笔可以抵扣的进项税金。

因此，财税顾问金财宝宝提出，万总应该以公司名义购买写字楼。

【对比】

筹划前，用股东个人购买，享受不了进项税额抵扣。

筹划后，用企业名义购买，可享受进项税额抵扣165.14万元。

具体计算：2,000÷（1+9%）×9%=165.14（万元）。

【结果】

可以看出，用公司名义购买写字楼，可享受进项税额抵扣165.14万元，效果显著。这样筹划，有效降低了企业成本。

政策依据

1.《财政部 税务总局 海关总署关于深化增值税改革有关政策的公告》(财政部 税务总局 海关总署公告2019年第39号)第一条规定:增值税一般纳税人(以下称纳税人)发生增值税应税销售行为或者进口货物,原适用16%税率的,税率调整为13%;原适用10%税率的,税率调整为9%。

2.《财政部 税务总局 海关总署关于深化增值税改革有关政策的公告》(财政部 税务总局 海关总署公告2019年第39号)第五条规定:自2019年4月1日起,《营业税改征增值税试点有关事项的规定》(财税〔2016〕36号印发)第一条第(四)项第1点、第二条第(一)项第1点停止执行,纳税人取得不动产或者不动产在建工程的进项税额不再分2年抵扣。此前按照上述规定尚未抵扣完毕的待抵扣进项税额,可自2019年4月税款所属期起从销项税额中抵扣。

第30招 促销方式
打折、促销、返现金，商家怎样促销获利更多

由于工作性质，金财宝宝基本上一年四季都在全国各地"飞"来"飞"去，很少有时间陪家人，夫人、孩子意见很大。为了给家人补偿，金财宝宝推掉了所有业务、应酬，回北京陪家人好好过个七夕节，主要任务就是陪夫人逛街。

这一天，二人来到王府井，很多店铺都在搞促销活动，有的是满30,000打7折、有的是满30,000送9,000、有的是满30,000返9,000。其中，价值30,000元的货物，成本是15,000元。

夫人这下乐了，问金财宝宝：你从专业角度分析一下，哪种方式对商家更有利？

【分析】

在现代的买方市场条件下，大型商场之间的竞争有愈演愈烈的态势，商场促销的手段可

谓多种多样，大体上有打折、买一送一、满200送50、商业捐赠、捆绑销售等方式。不同的促销活动会引起增值税、企业所得税等有关税金计算结果不同。为了达到促销的成本效益原则，综合考虑这些方案的纳税影响是选择促销方案的有效手段。

【对比】

方案一：顾客购买货物价值满30,000元的，按7折出售（折扣额与销售额在同一张发票上分别注明，销售利润率50%），应纳税690.27元。

具体计算：

应纳税额=（21,000-15,000）÷（1+13%）×13%=690.27（元）。

方案二：顾客购买货物价值满30,000元的，赠送含税价值为9,000元的商品（成本为6,000元，取得了增值税专用发票），应纳税1,981.06元。

具体计算：

应纳税额=[（30,000-15,000）÷（1+13%）×13%]+[9,000÷（1+13%）×13%-6,000×13%]=1,981.06（元）。

方案三：顾客购买货物价值满30,000元的，返还现金9,000元，应纳税1,725.66元。

具体计算：

应纳税额=(30,000-15,000)×13%÷（1+13%）=1,725.66(元)。

【结果】

如果考虑增值税，上述三种方案中第一种最好，税负最轻，为690.27元；第二种方案最差，税负最重，为1,981.06元。因此，不同的促销方式，带来的税收负担不同。

政策依据

1.《中华人民共和国增值税暂行条例实施细则》第四条规定：单位或者个体工商户的下列行为，视同销售货物：将自产、委托加工或者购进的货物无偿赠送其他单位或者个人。

2.《国家税务总局关于印发〈增值税若干具体问题的规定〉的通知》（国税发〔1993〕154号）第二条第（二）项规定：纳税人采取折扣方式销售货物，如果销售额和折扣额在同一张发票上分别注明的，可按折扣后的销售额征收增值税；如果将折扣额另开发票，不论其在财务上如何处理，均不得从销售额中减除折扣额。

3.国家税务总局《关于折扣额抵减增值税应税销售额问题通知》（国税函〔2010〕56号）规定：《国家税务总局关于印发〈增值税若干具体问题规定〉的通知》（国税发〔1993〕154号）第二条第（二）项规定："纳税人采取折扣方式销售货物，如果销售额和折扣额在同一张发票上分别注明的，可按折扣后的销售额征收增值税"。纳税人采取折扣方式销售货物，销售额和折扣额在同一张发票上分别注明是指销售额和折扣额在同一张发票上的"金额"栏分别注明的，可按折扣后的销售额征收增值税。未在同一张发票"金额"栏注明折扣额，而仅在发票的"备注"栏注明折扣额的，折扣额不得从销售额中减除。

4.《财政部 税务总局 海关总署关于深化增值税改革有关

政策的公告》（财政部 税务总局 海关总署公告 2019 年第 39 号）第一条规定：增值税一般纳税人（以下称纳税人）发生增值税应税销售行为或者进口货物，原适用 16% 税率的，税率调整为 13%；原适用 10% 税率的，税率调整为 9%。

第31招　用足优惠
充分利用税收红利，成功节约企业成本

金财宝宝母亲的身体一直不大好，最近父母要来北京检查一下身体，看一看小孙子。金财宝宝不敢怠慢，马上联系了中国人民解放军总医院（301医院）专家，同时也对自己的行程进行调整，腾出时间陪二老。为了路途上照顾好二老，金财宝宝请他同村的小学同学王海一起过来。

这天，王海陪二老如期到京，并带来了两盒自己茶厂生产的精品新茶。晚上，二人酒后，一边品着新茶，一边聊着茶厂的生意经。茶厂经营并不复杂，种茶树、采叶子、制茶叶、销售。金财宝宝听完很高兴，王海不仅自己赚了钱，还带动了乡亲们致富，心想这样的人一定要帮帮他，便围绕茶厂如何规范财税管理、增加茶厂效益等方面出招。

【分析】

从王海的茶厂情况来看，税收负担有点高，主要原因在于茶厂可抵扣

的进项税额比例太低。因此，茶厂进行税收筹划的关键在于如何增加可抵扣的进项税额。围绕进项税额，茶厂可以采取以下筹划方案：

将整个生产流程分成茶叶种植园种植茶树、生产初制茶和精制茶加工厂对初制茶叶进行精加工后再销售两部分。茶叶种植园和精制茶加工厂均实行独立核算。分开后，茶叶种植园属于农产品生产单位，生产销售初制茶叶按规定可以免征增值税，精制茶加工厂从茶叶种植园购入的初制茶叶可以抵扣9%的进项税额。

【对比】

方案筹划前，假定每年茶厂购进农业生产资料允许抵扣的进项税额为10万元，其他水电费和修理所需配件等进项税额为10万元，全年精制茶不含税销售收入为500万元。

具体计算： 应纳增值税税额=500×13%-（10+10）=45（万元）。

方案筹划后，独立出来的茶叶种植园销售自产的初制茶叶免征增值税，假定茶叶种植园销售给精制茶加工厂的初制茶叶售价为400万元，其他资料不变。

具体计算： 应纳增值税=500×13%-（400×9%+10+10）=9（万元）。

【结果】

可见，筹划方案的实施取得了良好收益，方案实施后比实施前可以节省成本36万元。

政策依据

1.《中华人民共和国增值税暂行条例》第十五条规定：下列项目免征增值税：农业生产者销售的自产农产品。

2.《中华人民共和国增值税暂行条例实施细则》第三十五条规定：条例第十五条规定的部分免税项目的范围，限定如下：

（一）第一款第（一）项所称农业，是指种植业、养殖业、林业、牧业、水产业。

农业生产者，包括从事农业生产的单位和个人。

农产品，是指初级农产品，具体范围由财政部、国家税务总局确定。

3.《财政部 税务总局 海关总署关于深化增值税改革有关政策的公告》（财政部 税务总局 海关总署公告2019年第39号）第一条规定：增值税一般纳税人（以下称纳税人）发生增值税应税销售行为或者进口货物，原适用16%税率的，税率调整为13%；原适用10%税率的，税率调整为9%。

第32招 巧换经营模式
"聘请"变身"代理",影响筹划40万元

"现在养一个小孩的成本实在太高了!"金财咨询某老师把账单拿给金财宝宝看,教育方面的投资高得令人咋舌。培训班、兴趣班、补习班……孩子苦不堪言,家长财务负担也十分重。"现在教育机构的钱真好赚啊!"金财宝宝听后笑笑,跟同事分享了最近一个客户的故事。

王总是一家教育公司的负责人,从各高校聘请了大量的本科生和研究生提供教育服务,采取先与客户签订合同,收取费用后再向其聘请的学生发放劳务报酬的经营模式。公司年含税销售额为1,000万元,可以抵扣的进项税额为2万元,每年发放给学生的劳务报酬为700万元。关于如何进行财务筹划,王总需要求助金财宝宝。

【分析】

学生勤工俭学提供的服务免征增值税。聘请学生开展勤工俭学的公司可以将聘请关系改为代理关系,由学生直接提供勤工俭学服务,公司仅收取中介代理费。

【对比】

筹划前,经营模式为甲公司与客户签订合同,甲公司收

取费用后向其聘请的学生发放劳务报酬。

具体计算：

实际应缴纳的增值税=1,000÷（1+6%）×6%-2=54.60（万元）。

筹划后，经营模式改为中介服务模式，即由聘请的学生以勤工俭学的形式直接与客户签订合同，提供教育服务，原由公司向学生发放的劳务报酬由客户直接支付给学生，公司以中介服务的身份收取一定的服务费。

具体计算：公司可以取得含税服务费=1,000-700=300（万元），实际应缴纳的增值税=300÷（1+6%）×6%-2=14.98（万元）。

【结果】

两方案比较，通过财税筹划，后者可以节省成本39.62万元（54.60-14.98）。

政策依据

《财政部 国家税务总局关于全面推开营业税改征增值税试点的通知》（财税〔2016〕36号）附件3《营业税改征增值税试点过渡政策的规定》：学生勤工俭学提供的服务免征增值税。

第33招　企业转型
普通家政服务转型为员工制，成功获得筹划空间

有一个家政阿姨来帮忙操持家务真是方便多了！金财宝宝最近家里实在忙不过来，刚巧朋友郑女士有一家家政服务公司，听说此事后立即安排了一位员工来帮忙，这才解了金财宝宝的燃眉之急。

忙过了那段时间，金财宝宝请郑女士来家里小聚，面对金财宝宝的连连道谢，郑女士也是不停地推辞。酒过三巡，郑女士讲述起自己的发家史，更将自己最近苦恼的事情向金财宝宝倾诉起来。

原来郑女士的家政服务公司年销售额为1,060万元，每年要缴纳增值税50万元，她想问是否有财税筹划的空间呢？金财宝宝把杯里的酒一口饮尽，拍拍胸脯说道："这事包在我身上！"

【分析】

家政服务公司转型为员工制家政服务员提供家政服务，由此取得的收入可以享受免征增值税的优惠。

【对比】

筹划前，家政服务公司为营改增一般纳税人，年销售额

为 1,060 万元，适用税率为 6%，可以抵扣的进项税额为 10 万元。

具体计算： 实际缴纳的增值税 =1,060÷（1+6%）×6%-10=50（万元）。

筹划后，转型为员工制家政服务员提供家政服务，由此取得的收入可以享受免征增值税的优惠，每年至少可以节省成本 50 万元。

【结果】

两方案比较，通过财税筹划，后者节省成本 50 万元。

政策依据

《财政部 国家税务总局关于全面推开营业税改征增值税试点的通知》（财税〔2016〕36 号）附件 3《营业税改征增值税试点过渡政策的规定》第一条规定：下列项目免征增值税：

家政服务企业由员工制家政服务员提供家政服务取得的收入。

家政服务企业，是指在企业营业执照的规定经营范围中包括家政服务内容的企业。员工制家政服务员，是指同时符合下列 3 个条件的家政服务员：

1.依法与家政服务企业签订半年及半年以上的劳动合同或者服务协议，且在该企业实际上岗工作。

2.家政服务企业为其按月足额缴纳了企业所在地人民政府根据国家政策规定的基本养老保险、基本医疗保险、工伤保险、失业保险等社会保险。对已享受新型农村养老保险和新型农村合作医疗等社会保险或者下岗职工原单位继续为其缴纳社会保险的家政服务员，如果本人书面提出不再缴纳企业所在地人民政府根据国家政策规定的相应的社会保险，并出具其所在乡镇或者原单位开具的已缴纳相关保险的证明，可视同家政服务企业已为其按月足额缴纳了相应的社会保险。

3.家政服务企业通过金融机构向其实际支付不低于企业所在地适用的经省级人民政府批准的最低工资标准的工资。

《财政部 国家税务总局关于全面推开营业税改征增值税试点的通知》(财税〔2016〕36号)附件3《营业税改征增值税试点过渡政策的规定》第六条规定：上述增值税优惠政策除已规定期限的项目和第五条政策外，其他均在营改增试点期间执行。如果试点纳税人在纳入营改增试点之日前已经按照有关政策规定享受了营业税税收优惠，在剩余税收优惠政策期限内，按照本规定享受有关增值税优惠。

第34招 天降贷款
销售合同一修改，交税时间就延缓

初夏将至，北京的天气有些闷热，金财宝宝正坐在办公桌前昏昏欲睡，"叮铃铃……"办公室的电话响起来，对方是金财宝宝大学同学毛琴。听着美女的声音，金财宝宝不耐烦的情绪立即消散。

两人寒暄了一会，毛琴说明此次来电用意。毛琴所在公司格美家用电器，2018年12月销售一批价值30万元的电器给客户华清集团，且当月收到货款，但因客户员工宿舍尚未装修完毕，要求2019年3月送货上门。毛琴问询，该笔业务何时纳税更有益于公司。

【分析】

在实操过程中，充分运用合同收款方式的差异，采用预收账款、赊销和分期收款的结算方式，就可以延缓纳税时间。毫无疑问，采用赊销和分期收款方式，既可以为企业节约大量流动资金，又不违背税法的规定。在合法的情况下，企业应尽量延期纳税。纳税人延期缴纳本期税款就等于得到一笔无息贷款，可以使纳税人在本期有更多的资金用于产生收益，也相当于节省了成本。

金财宝宝建议可以巧用合同收款方式条款，实现延期纳税，为公司取得一笔无息贷款。

【对比】

筹划前，合同约定采取直接收款方式结算货款或不约定结算方式。

2018年12月收到预收款，无论货是否发出，均要确认收入，缴纳相关税费。

筹划后，合同约定采取预收款方式结算货款。

2018年12月收到预收款，纳税义务未实现，可不确认收入，不纳税。

2019年3月发出货物，纳税义务已实现，应确认收入，缴纳相关税费。

【结果】

筹划后，采用预收款方式结算，可延期纳税3个月，为企业赢得一笔流动资金。

政策依据

1.《中华人民共和国增值税暂行条例》第十九条规定：增值税纳税义务发生时间：发生应税销售行为，为收讫销售款项或者取得索取销售款项凭据的当天；先开具发票的，为开具发票的当天。

2.《中华人民共和国增值税暂行条例实施细则》第三十八条规定：条例第十九条第一款第（一）项规定的收讫销售款项或者取得索取销售款项凭据的当天，按销售结算方式的不同，具体为：

（一）采取直接收款方式销售货物，不论货物是否发出，均为收到销售款或者取得索取销售款凭据的当天。

（二）采取托收承付和委托银行收款方式销售货物，为发出货物并办妥托收手续的当天。

（三）采取赊销和分期收款方式销售货物，为书面合同约定的收款日期的当天，无书面合同的或者书面合同没有约定收款日期的，为货物发出的当天。

（四）采取预收货款方式销售货物，为货物发出的当天，但生产销售生产工期超过12个月的大型机械设备、船舶、飞机等货物，为收到预收款或者书面合同约定的收款日期的当天。

|第二篇|
CAIWUDELILIANG
企业所得税的税筹规划案例

❷

第35招 不征税也困惑
不征税收入要谨慎，一不小心税就多

金财宝宝刚发动汽车准备回家，便看到罗黎帆的奥迪开过来了。罗黎帆打开车窗，对金财宝宝喊："哥们，上车，晚上我请吃饭，特意来接你！"罗黎帆是金财宝宝创立金财咨询以来的铁杆客户也是好兄弟。金财宝宝二话没说便熄火上了罗黎帆的车。

原来，罗黎帆的家秋水治理环保有限公司最近承接了某市政府的业务。该市的化工产业一直为县域经济支柱产业，为做好环境整治工作，获得上级部门专项拨款4 800万元，专门购买设备，用于水治理环保生产与研发，该项拨款有专项拨款文件以及针对专款专用的管理办法。罗黎帆的公司于2019年6月收得研发专项拨款4 800万元。为此，专程问询该笔款项如何处理对企业更有利。

【分析】

家秋水治理环保有限公司专项拨款可以根据有关规定

作为专项财政性资金，备案不征税收入。但不征税收入用于支出所形成的费用不得在税前扣除，形成的资产不得计算折旧、摊销在税前扣除。同时，专项财政性资金也可以不备案为不征税收入，所形成的资产可以计算折旧、摊销在税前扣除。

【对比】

筹划前，列为不征税收入，该笔业务企业不缴纳企业所得税。

具体计算：

免征企业所得税=4,800×25%=1,200（万元）。

形成的费用、折旧支出不得税前扣除金额：4,800万元。

筹划后，列为征税收入，该笔业务可为企业节省成本900万元。

具体计算：

企业所得税应税收入=4,800（万元）。

可税前扣除的费用、折旧支出=4,800×175%=8,400（万元）。

企业可抵减的利润=8,400-4,800=3,600（万元）。

企业可节省成本=3,600×25%=900（万元）。

【结果】

列为征税收入后，企业折旧或摊销可以享受加计扣除的税收优惠政策，从而可为企业节省成本900万元。

政策依据

1.《国家税务总局关于企业研究开发费用税前加计扣除政策有关问题的公告》(国家税务总局公告2015年第97号)规定:企业取得作为不征税收入处理的财政性资金用于研发活动所形成的费用或无形资产,不得计算加计扣除或摊销。

2.《财政部 国家税务总局 科技部关于提高科技型中小企业研究开发费用税前加计扣除比例的通知》(财税〔2017〕34号)第一条规定:科技型中小企业开展研发活动中实际发生的研发费用,未形成无形资产计入当期损益的,在按规定据实扣除的基础上,在2017年1月1日至2019年12月31日期间,再按照实际发生额的75%在税前加计扣除;形成无形资产的,在上述期间按照无形资产成本的175%在税前摊销。

3.《财政部 国家税务总局 科技部关于提高研究开发费用税前加计扣除比例的通知》(财税〔2018〕99号)第一条规定:企业开展研发活动中实际发生的研发费用,未形成无形资产计入当期损益的,在按规定据实扣除的基础上,在2018年1月1日至2020年12月31日期间,再按照实际发生额的75%在税前加计扣除;形成无形资产的,在上述期间按照无形资产成本的175%在税前摊销。

第36招　移花接木
投资基金可利用，税务筹划有空间

穷有穷的乐，富有富的愁。长江公司的王总近几年充分利用国家支持民营企业政策，加上经营有方，企业不断发展壮大，不仅带动了当地经济，利润也相当可观。长江公司一跃成为当地的明星企业。

在2019年11月公司召开的经营形势分析会上：

财务经理：在王总的带领下，公司利润将再次上台阶，预计全年税前利润可达4,000万元，可喜可贺。

财务总监：的确可喜可贺，但是如果这么高的利润，我们的企业所得税就要交1,000万元。

王总：还有没有可筹划的空间？

财务经理：基本上没有了，我们财务方面一直是按照公司财务高级顾问金财宝宝指导操作的，再操作就有法律风险。

财务总监：不会吧，金财宝宝水

平那么高，再请他想想办法，但该交的税还是要交。

王总：我来跟他联系。

金财宝宝应王总请求，对长江公司财务状况进行了深入了解，随即提出了通过投资基金进行所得税筹划的方案。

【分析】

根据现行企业所得税政策，企业通过股票、基金等证券市场投资的，实现收入暂不征企业所得税，而投资所发生的损失可以税前一次性扣除。这种政策规定，避免了企业所得税的重复征收，同时也为所得税筹划提供了空间。但是，入市有风险，投资需谨慎。

【对比】

假定长江公司进行了如下投资交易：

2019年11月30日，甲公司花费3,068万元买入A基金2,000万份额，买入价1.534元/份，申购手续费1,000元，另支付交易费用4.6万元。

2019年12月2日，A基金发放红利，甲公司收取红利975.6万元。

2019年12月9日，甲公司卖出A基金，卖出价1.33元/份，收回2,660万元，另支付交易费用3.99万元。

购买基金前，应交企业所得税1,000万元。
具体计算： 应交企业所得税=4,000×25%=1,000（万元）。
购买基金后，应交企业所得税895.58万元。
具体计算：
投资损失=3,068+4.6+0.1+3.99−2,660=416.69（万元）。

应交企业所得税=（4,000-416.69）×25%=895.83（万元）。

【结果】

通过投资基金，长江公司当年可节省成本104.17万元（1,000-895.83），整个投资交易公司共获利663.08万元（975.6+104.17-416.69）。公司总收益增长了，但交的企业所得税却减少了，其原因就是取得免税收入975.6万元基金投资收益，投资损失416.69万元可以税前扣除，也就是所谓的，分红不征收税，亏损抵税。

政策依据

1.《财政部、国家税务总局关于企业所得税若干优惠政策的通知》（财税〔2008〕1号）第二条规定：对投资者从证券投资基金分配中取得的收入，暂不征收企业所得税。

2.《国家税务总局关于企业股权投资损失所得税处理问题的公告》（国家税务总局公告2010年第6号）第一条规定：企业对外进行权益性（以下简称股权）投资所发生的损失，在经确认的损失发生年度，作为企业损失在计算企业应纳税所得额时一次性扣除。

第37招　收购亏损公司
企业并购巧筹划，亏损公司也珍贵

　　金财宝宝近日参加大学同学聚会，从事农产品经营的张山同学谈到这几年趁着国家对涉农行业的扶持，公司每年的税前利润均在6亿元左右，但是困扰公司的是现金流并不理想。在"现金为王"的时代，缺乏资金流动性，靠金融贷款很难持续。低调的金财宝宝在用餐时并没有多说什么。

　　用餐结束后，张山同学约大家一起喝茶，特意走到金财宝宝身边，单独请老同学支招。因为他知道，金财宝宝的金财公司在财税行业内很有名气。金财宝宝笑笑答道："老同学的事，你不开口，我也在帮你思考解决方案。"张同学笑道："果然是好兄弟。"金财宝宝接着说："我教你个'捡破烂'的办法，我们公司有个学员，在邻省经营的矿业企业因环保问题几经整改仍不能全部整改到位，企业正想申请破产。停产1年，去年部分矿区恢复生产，近两年半净利润合计亏损达1亿元。我建议你可以考虑收购该矿业企业，以解决你公司的燃眉之急。"

【分析】

　　对于有盈利的企业并购亏损企业，可以实现企业之间税前利润的平衡调剂，这是一种比较常用的企业所得税筹划方式。

张山的公司有较多的税前利润，如果按正常情况，当年应筹集 15,000 万元的资金缴纳企业所得税。如果实施企业并购，被并购企业亏损 10,000 万元，是可以在税前弥补的。

【对比】

收购亏损企业前，应交企业所得税 15,000 万元。
具体计算：
应交企业所得税 =60,000×25%=15,000（万元）。
收购亏损企业后，应交企业所得税 12,500 万元。
具体计算：
应交企业所得税 =（60,000-10,000）×25%=12,500（万元）。

【结果】

通过企业并购行为，张山的公司可节省成本 2,500 万元（15,000-12,500）。

政策依据

1.《中华人民共和国企业所得税法》第十八条规定：企业纳税年度发生的亏损，准予向以后年度结转，用以后年度的所得弥补，但结转年限最长不得超过五年。

2.《财政部 国家税务总局关于企业重组业务企业所得税处理若干问题的通知》（财税〔2009〕59号）第六条第（四）项中规定：被合并企业合并前的相关所得税事项由合并企业承继。

第38招　徐妃半面
先分红再转让，节省成本高达百万元

金财宝宝在"财务体系"课上讲了一个案例。有一次，金财宝宝按照公司的安排，被派往徐州某商会维权中心为企业的相关财税问题提供咨询。商会的两位副会长赵总和王总，得知财税专家金财宝宝会来现场解答，便早早在商会贵宾室等候。

五年前，赵总和王总分别以自己的公司共同投资700万元成立长虹广告公司，其中赵总公司的出资是210万元，占比30%；王总公司出资490万元，占比70%。历经5年的努力，长虹广告公司运营较好，账面未分配利润1,400万元，除实收资本700万元外，其他权益科目金额为零。2019年3月，因赵总和王总在公司今后发展战略上分歧较大，王总提出用900万元的价格收购赵总的30%股权。现双方就如何进行收购一事向金财宝宝请教。金财宝宝不好推辞，建议先将长虹广告

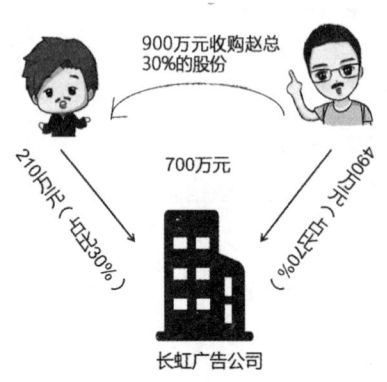

公司利润进行分红，分红后再进行股权收购。

【分析】

符合条件的居民企业之间的股息、红利等权益性投资收益属于免税收入，这部分收入原本就是税后收益。因此，长虹广告分红对于赵总与王总的公司而言，是不用考虑企业所得税的。然而，直接并购，股权溢价部分就是股权转让所得，属于应税收入。

【对比】

筹划前，赵总公司直接收购应交企业所得税172.5万元。

具体计算： 应交企业所得税=（900-210）×25%=172.5（万元）。

筹划后，赵总公司先分红再收购应交企业所得税67.5万元。

具体计算：

分红=1,400×30%=420（万元）。

应交企业所得税=（900-420-210）×25%=67.5（万元）。

【结果】

是否先分红，对王总公司来讲是没有影响的，但是对于赵总公司来讲，先分红的420万元是免税的，先分红后再收购，赵总公司可节省成本105万元。

政策依据

1.《国家税务总局关于贯彻落实企业所得税法若干税收问题的通知》(国税函〔2010〕79号)第三条规定:企业转让股权收入,应于转让协议生效且完成股权变更手续时,确认收入的实现。转让股权收入扣除为取得该股权所发生的成本后,为股权转让所得。企业在计算股权转让所得时,不得扣除被投资企业未分配利润等股东留存收益中按该项股权所可能分配的金额。

2.《中华人民共和国企业所得税法》第二十六条规定:符合条件的居民企业之间的股息、红利等权益性投资收益为免税收入。

第39招　鸣金收兵
先撤资再转让，令人惊讶的筹划方案

春节将至，金财宝宝作为在京创业优秀代表应邀参加县政府举办的"资智回乡"新年联欢会。联欢结束后，商务局的王局特意请金财宝宝移步办公室继续交流。金财宝宝不好拒绝领导，便一同前往他的办公室。走进办公室，已有两位客人。王局笑道："小老乡，不好意思，知道您是全国知名财税专家，所以想请您帮帮忙。这两位是在我县投资的文总和杨总，有投资问题想请您出谋划策。"金财宝宝回答道："您客气啦，能为家乡的企业家们服务是我的荣幸。"经了解，文总的甲公司和杨总的乙公司共同投资 800 万元成立了丙公司：其中甲公司出资 240 万元，占比 30%；乙公司出资 560 万元，占比 70%。成立五年以来，丙公司运营较好，账上未分配利润 3,000 万元，盈余公积 1,000 万元，其他权益科目金额为零。最近，

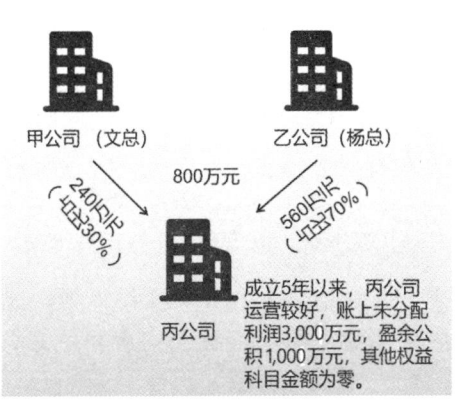

因中美贸易摩擦，丙公司效益有所下滑，文总想急流勇退。杨总认为丙公司前景不错，虽然中美贸易摩擦有所影响，但不会长期存在，所以提出用1,900万元的价格收购文总甲公司占有的30%股权。面对这样的情况，两位老总不知道该如何筹划会更有利。金财宝宝建议可以先撤资再收购。

【分析】

撤资可以将被投资企业累计未分配利润和累计盈余公积按减少实收资本比例计算的部分，确认为股息所得，增加免税收入。

【对比】

筹划前，先分红再收购甲公司应交企业所得税190万元。
具体计算：

甲公司应交企业所得税＝（1,900-3,000×30%-240）×25%=190（万元）。

筹划后，先撤资再收购甲公司应交企业所得税115万元。
具体计算：

甲公司应交企业所得税＝（1,900-3,000×30%-1,000×30%-240）×25%=115（万元）。

【结果】

先分红再收购甲公司应缴纳企业所得税190万元，先撤资再收购甲公司应交企业所得税115万元，后者较前者可为企业节省成本75万元（190-115）。

政策依据

1.《国家税务总局关于贯彻落实企业所得税法若干税收问题的通知》(国税函〔2010〕79号)第三条规定：企业转让股权收入，应于转让协议生效且完成股权变更手续时，确认收入的实现。转让股权收入扣除为取得该股权所发生的成本后，为股权转让所得。企业在计算股权转让所得时，不得扣除被投资企业未分配利润等股东留存收益中按该项股权所可能分配的金额。

2.《中华人民共和国企业所得税法》第二十六条第二款规定：符合条件的居民企业之间的股息、红利等权益性投资收益为免税收入。

3.《国家税务总局关于企业所得税若干问题的公告》(国家税务总局公告2011年第34号)第五条规定：投资企业从被投资企业撤回或减少投资，其取得的资产中，相当于初始出资的部分，应确认为投资收回；相当于被投资企业累计未分配利润和累计盈余公积按减少实收资本比例计算的部分，应确认为股息所得；其余部分确认为投资资产转让所得。

第40招 一石二鸟
资产处理得当，可成功增加现金流

这个周末，金财宝宝正准备好好露一手做顿美味的午餐。谁料同事一通电话过来，说在河南从事化学产品制造销售的VIP学员吴静来北京洽谈工作，约中午吃饭并邀请了金财宝宝一同前往。无奈，金财宝宝只得脱下围裙，换上正装前去赴宴。

吃饭期间，吴静吐槽她的长泰实业虽然上市，但近三年行业形势不理想。她这次来京除了洽谈业务，也是特意想请金财宝宝帮公司"把把脉"。长泰实业2017年勉强盈利6,700万元，较2016年减幅52%；2018年亏损1.3亿元；2019年第一季度亏损5,000万元，尽管二、三季度盈利7,000万元，但第四季度预计将亏损4,000万元左右，2019年全年预计亏损2,000~3,000万元。如果连续两年亏损，公司将被列为财务状况异常，进行ST处理。

吴静的大学学妹，在2019年3月

成立了一家知识产权商务研发服务乙公司，2019年盈利300万元，预计2020年盈利800万元。金财宝宝经过对长泰实业整个财务进行梳理，发现公司专利较多，且有5个账面余额为零。拟订如果第四季度亏损额较大，导致全年亏损，就将这5项专利卖给乙公司，议价6,000万元，既可避免公司被ST，又可让乙公司凭专利技术申请高新技术企业，享受加计75%扣除和15%的企业所得税优惠税率。这个方案是否可行，特请财税老师金财宝宝指点。

【分析】

对于上市公司而言，为了避免财务状况异常发生，常用的手法就是进行资产处置，以增加利润、现金流。在资产处置过程中，必定涉及税务事项。如果处理得当，不但可以改善财务报表，还可以享受税收收益。资产出让方与接收方不能存在关联关系，否则证监会认为是出于不合理的商业目的，有损股民权益，否决资产处置交易。

国家从税收制度层面鼓励企业创新，出台了一系列税收优惠政策。比如说，高新企业适用低税率、研发费用加计扣除等。企业在自身的生产经营过程中，通过企业的资产、资源、信息、交易等实际条件，对照国家优惠政策，使二者有机结合，实现企业价值最大化。

【对比】

筹划前，不销售专利技术：长泰实业公司财务状况异常，被ST。

乙公司企业所得税适用税率25%，不享受加计扣除。

具体计算：

应缴企业所得税=（300+800）×25%=275（万元）。

筹划后，销售专利技术： 长泰实业正常盈利，为公司脱离困境争取了2年时间。

乙公司企业所得税适用税率15%，专利按照20年摊销，每年摊销300万元，加计扣除225万元，2019年可摊销一个季度。

具体计算：

2019年应缴企业所得税=[300-300÷4×（1+75%）]×15%=25.31（万元）。

2020年应缴企业所得税=[800-300×（1+75%）]×15%=41.25（万元）。

【结果】

通过专利权的交易，不仅长泰实业暂时摆脱了困境，而且学妹的乙公司也获得税收方面的收益，可节省成本208.44万元（275-25.31-41.25）。

政策依据

1.《财政部 国家税务总局 科技部关于完善研究开发费用税前加计扣除政策的通知》（财税〔2015〕119号）第一条规定：研发活动及研发费用范围包括：用于研发活动的软件、专利权、非专利技术（包括许可证、专有技术、设计和计算方法等）的摊销费用。

2.《财政部 税务总局 科技部关于提高研究开发费用税前

加计扣除比例的通知》(财税〔2018〕99号)第一条规定：企业开展研发活动中实际发生的研发费用，未形成无形资产计入当期损益的，在按规定据实扣除的基础上，在2018年1月1日至2020年12月31日期间，再按照实际发生额的75%在税前加计扣除；形成无形资产的，在上述期间按照无形资产成本的175%在税前摊销。

第41招　春风化雨
拆分公司，尽享小微企业税收红利

　　金财宝宝乘动车回老家探望母亲，刚下动车，便被人拍了一下肩膀。回头一看，惊喜万分，原来是同村的小智。小智是金财宝宝的发小，初中便辍学在外打拼，通过勤奋努力，创业小有成就，在老家成立了智氏有限公司。多年未见，二人相谈甚欢，金财宝宝为小智的成功感到高兴。

　　小智知道金财宝宝精通财税，毫不客气地取起经来。他说虽然公司成立了有几年，但销售产品从未开具过发票，2019年公司销售收入500万元，扣除成本费用，利润是320万元，最近从电视中了解到国家出台普惠性税收政策。他很想知道以公司目前的情况，如何最大限度地享受国家政策。金财宝宝建议：将智氏有限公司按销售品种分别成立3个子公司，每个子公司年利润分别为90万元、90万元、140万元。

【分析】

　　2019年，国家对小微企业推出一系列普惠性减税措施，小型微利企业税负将降至5%或10%。能否享受这种政策红利，就要对照政策标准，策划企业的经营行为。如果公司不分拆，就无法享受优惠，拆分后，就符合优惠条件。

【对比】

筹划前，应交企业所得税80万元。
具体计算： 应交企业所得税=320×25%=80（万元）。
筹划后，成立子公司，应交企业所得税18万元。
具体计算：
三个子公司应交企业所得税=90×25%×20%×2+（100×25%×20%+40×50%×20%）=18（万元）。

【结果】

子公司成立前后，智氏有限公司可为企业节省成本62万元（80-18）。

政策依据

《关于实施小微企业普惠性税收减免政策的通知》（财税〔2019〕13号）第二条规定：对小型微利企业年应纳税所得额不超过100万元的部分，减按25%计入应纳税所得额，按20%的税率缴纳企业所得税；对年应纳税所得额超过100万元但不超过300万元的部分，减按50%计入应纳税所得额，按20%的税率缴纳企业所得税。

第 42 招　绳之以法
巧对利息筹划，打打官司也可以

金财宝宝虽然出生在南方，但他还蛮喜欢北京的冬天。这天他和一名期待已久的客户有约，便早早来到办公室。她叫曾璇，是他的大学同学。校园的美好时光，总是让人无比留恋……"曾女士，请进！"助理推开办公室的门，金财宝宝的思绪被唤回现实。

曾璇自从大学毕业，便自主创业成立了璇美实业公司。近期，公司需筹集 1,000 万元用于日常经营，借款期限为 4 年。银行同期贷款利率为 4.75%，但办理手续复杂，时间较长，加上贷款费用，差不多近 10%。公司其他合伙人建议可以向朋友王某借款，虽然利率 6% 高于同期银行贷款利率，但手续简便，到账时间快。这次来是想请金财宝宝帮忙出谋划策。

【分析】

企业的财务费用允许从税前列支，列支金额要有合理、合法的依据。从财税筹划的角度，璇美实业公司可以选择和王某签订借款合同，借款期限 1 个月，合同中不约定借期内的利率和逾期利率。借款满 4 年后，由王某向法院起诉主张按 6% 支付利息。这种处理方式，不但合理、合法，而且企业利益最大化。

【对比】

筹划前，一般允许税前列支利息金额 190 万元。

具体计算：税前列支利息金额 =1,000×4.75%×4=190（万元）。

筹划后，起诉后税前可列支利息金额 240 万元。

具体计算：税前可列支利息金额 =1,000×6%×4=240（万元）。

【结果】

筹划后，璇美实业可以充分享受利息支出的税前扣除，企业直接节省成本 12.5 万元（240×25%-190×25%）。

政策依据

1.《中华人民共和国企业所得税法》第八条规定：企业实际发生的与取得收入有关的、合理支出，包括成本、费用、税金、损失和其他支出，准予在计算应纳税所得额时扣除。

2.《最高人民法院关于审理民间借贷案件适用法律若干问题的规定》（法释〔2015〕18 号）第二十九条第（一）项规定：既未约定借期内的利率，也未约定逾期利率，出借人主张借款人自逾期还款之日起按照年利率 6% 支付资金占用期间利息的，人民法院应予支持。

第 43 招　不忘老朋友
改变预缴企业所得税，换取资金的收益

金财宝宝在业内一直是佼佼者，被很多客户认可。正月初七这天，咨询案客户刘总拎着礼品来拜访金财宝宝。金财宝宝开门迎接道："嘿，刘老哥，什么风把你吹来了。"刘总嘿嘿一笑，说道："你这个小子，我约你几次都没约到，就猜今天新年上班第一天，你一定在办公室。拿着！"金财宝宝连忙接过礼品，并笑道："哟，公司新产品，还全英文，生意肯定不错，产品飞遍全世界呀。"两人寒暄之后，便坐在办公室的沙发上聊天。

刘总不仅非常欣赏金财宝宝的为人，更感激他在事业上的帮助。自从金财宝宝帮助他健全了公司的财务制度以后，不仅财务规范，公司营业额也是连年攀升。仅 2018 年度公司平均每季度税前利润就有 1,600 万元。去年年底，公司获得几家世界 500 强企业的订单，预测 2019 年度应纳企业所得税会有一个大幅增

长,每季度利润额预计为2,000万元、3,000万元、2,400万元、4,000万元。公司的生产销售环节都充分按照金财宝宝的建议利用了税收政策,公司目前的筹划方案已经是最优。但是面对大好形势,刘总仍希望金财宝宝能帮助想出更好的税筹方案。金财宝宝了解这种情况后,建议公司可以考虑改变预缴企业所得税方案。

【分析】

因公司财务制度健全,公司员工执行较强,已经很难寻求税额的节约。税收规模的扩大必然是生产经营规模的扩大,按照月度或者季度的实际利润额预缴,将加剧公司资金紧张。但根据规定,可申请按照上一纳税年度应纳税所得额季度平均额预缴,以缓解公司资金紧张。

【对比】

筹划前,按季度的实际利润额预缴,应预缴企业所得税2,850万元。

具体计算:

第一季度=2,000×25%=500(万元)。

第二季度=3,000×25%=750(万元)。

第三季度=2,400×25%=600(万元)。

第四季度=4,000×25%=1,000(万元)。

2019年4个季度共预缴企业所得税2,850万元。

筹划后,按照上一纳税年度应纳税所得额季度平均额预缴,应预缴企业所得税1,600万元。

具体计算： 每季度预缴数 =1,600×25%=400（万元）。
2019年4个季度共预缴企业所得税1,600万元。

【结果】

采取按照上一纳税年度应纳税所得额季度平均额预缴的方案，可拥有1,250万元（2,850-1,600）的流动资金使用。按年化12%的资金成本计算，公司可获得直接收益150万元。

政策依据

1.《中华人民共和国企业所得税法》第五十四条规定：企业所得税分月或者分季预缴。企业应当自月份或者季度终了之日起十五日内，向税务机关报送预缴企业所得税纳税申报表，预缴税款。企业应当自年度终了之日起五个月内，向税务机关报送年度企业所得税纳税申报表，并汇算清缴，结清应缴应退税款。

2.《国家税务总局关于加强企业所得税预缴工作的通知》(国税函〔2009〕34号）第一条规定：企业所得税应当按照月度或者季度的实际利润额预缴；按照月度或者季度的实际利润额预缴有困难的，可以按照上一纳税年度应纳税所得额的月度或者季度平均额预缴，或者按照经税务机关认可的其他方法预缴。

第44招 物以群分
利息费用化，降低企业成本

12月中旬，"一带一路"国际商协大会在京开幕，金财宝宝作为全国财税专家应邀参加会议。会议休息期间，坐在后排的企业嘉宾前来打招呼。金财宝宝仔细一看，原来是多年不见的好友康总。早闻他的企业发展很好，生产规模也逐年扩大，没想到能在这样的会议上相遇，两人相谈甚欢。

康总说起这些年企业发展很好，自2016年起公司积极参与国家"一带一路"建设，业务发展较快。但融资方面也遇到困惑，2018年12月初，公司对2019年度投入资金进行测算：2019年公司需融资8,000万元，其中扩大生产规模需自建大型设备资金6,000万元，日常生产经营资金2,000万元。结合公司目前规模，公司决策层不愿意稀释股份，增加注册资本，融资渠道只能从银行

或其他企业借入。通过咨询长期合作的建设银行得知，建设银行可借入 4,000 万元，借款期限 3 年，年利率 4.75%，剩下 4,000 万元需从其他企业借入，借款期限 3 年，年利率 10%。设备自建从 2019 年 1 月 1 日开始，2020 年结束。面对这样的情况，康总请金财宝宝就如何防范财税风险出谋划策。

【分析】

　　一般经营性借款利息支出可以直接税前扣除，但不能超过金融企业同期同类贷款利率计算的部分，超过部分不能扣除。

　　专门性借款即资本化的利息不能直接税前扣除，应计入相关资产的成本，计提折旧，但没有规定扣除上限。

　　因此，让资金成本高的借款利息支出费用化，不列入资产成本，直接在税前扣除，可以降低当期所得税费用。

【对比】

　　筹划前，建设银行借入资金资本化，其他企业借款部分资本化，应补交企业所得税 26.25 万元。

　　具体计算：

　　实际发生的利息=4,000×4.75%+4,000×10%=590（万元）。

　　税前可扣除的费用化利息=2,000×4.75%=95（万元）。

　　应调增应纳税所得额=2,000×10%-95=105（万元）。

　　应补交企业所得税=105×25%=26.25（万元）。

　　筹划后，建设银行借款 2,000 万元资本化，2,000 万元费用化；其他企业借款 4,000 万元全部资本化，则无须补交企业所得税。

具体计算：

实际发生的利息 =4,000×4.75%+4,000×10%=590（万元）。

税前扣除的费用化利息 =2,000×4.75%=95（万元）。

与税前可抵扣的费用化利息一致，故无须补缴企业所得税。

【结果】

资金成本高的借款费用资本化，企业可节省成本 26.25 万元。

政策依据

1.《中华人民共和国企业所得税法实施条例》第三十七条规定：企业在生产经营活动中发生的合理的不需要资本化的借款费用，准予扣除。企业为购置、建造固定资产、无形资产和经过 12 个月以上的建造才能达到预定可销售状态的存货发生借款的，在有关资产购置、建造期间发生的合理的借款费用，应当作为资本性支出计入有关资产的成本，并依照本条例的规定扣除。

2.《中华人民共和国企业所得税法实施条例》第三十八条规定：非金融企业向非金融企业借款的利息支出，不超过按照金融企业同期同类贷款利率计算的数额的部分。

第45招 隔山打牛
签订双边税收协议，巧妙筹划预提所得税

自从习总书记在民营企业座谈会上提到要助推民企走向更广阔的舞台后，金财宝宝频繁接到有关跨国业务涉税的咨询电话。这不，铃声又响起……

来电的是金财宝宝的朋友楠哥。他最近有点苦恼，近年来公司在国内的发展遇到了瓶颈，2019年想把业务拓展到甲国，并经过测算可获得5,000万元的利润。但让公司财务查询了一下，我国与甲国没有签订双边投资的税收优惠，两国的预提所得税率都是15%。如此一来，虽然业务得到了拓展，但税也需要多交，税后利润又会减少，所以想请哥们金财宝宝支招。金财宝宝建议可以在条件合适的乙国设立全资子公司。

【分析】

双边税收协定是两个主权国家签订的协调互相间的税收分配关系的协定，主要

目的是消除双重征税，稳定税收优惠。现阶段国际上所签订的税收协定绝大多数是双边协定，我国对签订的税收协定都属于双边税收协定。

【对比】

筹划前，楠哥甲国公司直接将税后利润5,000万元分回国内，应缴预提所得税=5,000×15%=750（万元）。

筹划后，楠哥可以在乙国成立一家全资子公司。其中乙国与甲国签订税收协定，甲、乙两国对来源于对方的投资所得免征所得税；同时乙国与我国也签订税收协定，对来源于对方的投资所得免征预提所得税。

则楠哥在甲国公司的税收利润5,000万元，先将5,000万元分配到乙国子公司，乙国子公司再将5,000万元分回国内，这样不需缴纳预提所得税。

【结果】

筹划后，可节省成本750万元。

政策依据

《中华人民共和国企业所得税法》第五十八条规定：中华人民共和国政府同外国政府订立的有关税收的协定与本法有不同规定的，依照协定的规定办理。

第46招 扶贫好策略
残疾员工政策好，加计扣除100%

金财宝宝一直热心公益事业，而且是某光彩事业促进会的理事成员。一年一度的理事轮值会议在贵州召开，根据会议安排，金财宝宝作为财税专家现场为企业家们提供财税咨询。

咨询期间，胡总向金财宝宝提问并请求解答。他介绍道，公司主要生产、销售服装，2019年随着经济形势的回暖，公司订单日益增多。据生产部门测算，需要招用普通工人150名。希望金财宝宝在财税方面给予指导。金财宝宝建议公司可以通过县扶贫办和民政局，主动上门联系残疾患者，配备专职生活服务人员，招收残疾员工。既能帮助残疾人就业，又能享受税收优惠政策。

胡总按照金财宝宝的指导意见，招收了80名残疾员工，每月工资2,400元底薪，加计件提成，

2019年随着经济形势的回暖，公司订单日益增多，据生产部门测算，需要招工150名。

月均工资可达 3,000 元，以促进当地的就业，增加扶贫户的收入。

【分析】

企业安置残疾人员及国家鼓励安置的其他就业人员所支付的工资，可以在计算应纳税所得额时加计扣除。根据《残疾人保障法》相关规定，残疾人指心理、生理、人体结构上，某种组织、功能丧失或不正常，全部或部分丧失以正常方式从事某种活动功能的人，同时残疾人都持有《残疾人证》。

【对比】

筹划前，企业正常招收健全员工，没有加计扣除政策，不享受税收优惠政策。

筹划后，招收残疾员工，每年可加计扣除应纳税所得额 72 万元。

具体计算：加计扣除应纳税所得额 $=3,000 \times 80 \times 12 \times 25\% = 72$（万元）。

【结果】

采用招收残疾员工可为企业节省成本 72 万元，并且如因加计扣除形成的亏损，可在今后 5 年内予以弥补。

政策依据

1.《中华人民共和国企业所得税法》第三十条规定：安置残疾人员及国家鼓励安置的其他就业人员所支付的工资，可以在计算应纳税所得额时加计扣除。

2.《中华人民共和国企业所得税法实施条例》第九十六条规定：企业安置残疾人员的，在按照支付给残疾职工工资据实扣除的基础上，按照支付给残疾职工工资的100%加计扣除。残疾人员的范围适用《中华人民共和国残疾人保障法》的有关规定。

3.《财政部 国家税务总局关于安置残疾人员就业有关企业所得税优惠政策问题的通知》（财税〔2009〕70号）第一条规定：企业就支付给残疾职工的工资，在进行企业所得税预缴申报时，允许据实计算扣除；在年度终了进行企业所得税年度申报和汇算清缴时，再依照本条第一款的规定计算加计扣除。

第47招 多一事不如少一事
境外投资分红直接用于投资，影响筹划180万元

近年来，"大众创业，万众创新"不仅在国内掀起了热潮，更吸引了许多外国人来华投资。金财宝宝的亲戚陈总与丙国朋友Curry在中国成立了一家互联网公司，Curry持股比例60%。公司经营良好，每年税后利润均在3,000万元。我国与丙国签订双边协定，对来源于对方的所得预提所得税税率为10%。

近期，Curry准备将税后利润再投资到中国另一企业，但自己只懂技术和营销，不懂中国税收政策，只好求助于陈总。陈总便带着Curry前来向金财宝宝求助。金财宝宝了解情况后，建议分配利润以现金形式直转被投企业或通过人民币再投资专用存款账户当日转至被投资企业，不能通过Curry个人账户转账被投资企业，哪怕当日转也不行。

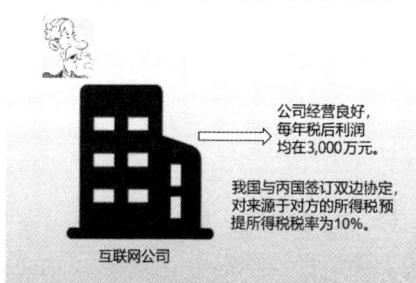

【分析】

我国为进一步积极利用外资,促进外资增长,提高外资质量,鼓励境外投资者持续扩大在华投资,只要境外投资者直接将从中国境内居民企业分配的利润用于非禁止外商投资的项目和领域,且不是上市公司股份(符合条件的战略投资除外),暂不征收预提所得税。同时要求境外投资者用于直接投资的利润以现金形式支付的,相关款项从利润分配企业的账户直接转入被投资企业或股权转让方账户,在直接投资前不得在境内外其他账户周转。

【对比】

筹划前,分配利润先经Curry个人账户,再转入被投资企业,应缴预提所得税=3,000×60%×10%=180(万元)。

筹划后,分配利润以现金形式直接转至被投企业或通过人民币再投资专用存款账户当日转至被投资企业,不缴预提所得税。

【结果】

筹划后,减少了利润转入环节,注意转账时间,可为企业节省成本180万元。

政策依据

1.《财政部 税务总局 国家发展改革委 商务部关于扩大境外投资者以分配利润直接投资暂不征收预提所得税政策适用范围的通知》(财税〔2018〕102号)第一条规定:对境外投资

者从中国境内居民企业分配的利润，用于境内直接投资暂不征收预提所得税政策的适用范围，由外商投资鼓励类项目扩大至所有非禁止外商投资的项目和领域。

2.《财政部 税务总局 国家发展改革委 商务部关于扩大境外投资者以分配利润直接投资暂不征收预提所得税政策适用范围的通知》（财税〔2018〕102号）第二条规定：境外投资者以分得利润进行的直接投资，包括境外投资者以分得利润进行的增资、新建、股权收购等权益性投资行为，但不包括新增、转增、收购上市公司股份（符合条件的战略投资除外）。

3.《国家税务总局关于扩大境外投资者以分配利润直接投资暂不征收预提所得税政策适用范围有关问题的公告》（国家税务总局公告2018年第53号）第二条规定：境外投资者按照金融主管部门的规定，通过人民币再投资专用存款账户划转再投资资金，并在相关款项从利润分配企业账户转入境外投资者人民币再投资专用存款账户的当日，再由境外投资者人民币再投资专用存款账户转入被投资企业或股权转让方账户的，视为符合"境外投资者用于直接投资的利润以现金形式支付的，相关款项从利润分配企业的账户直接转入被投资企业或股权转让方账户，在直接投资前不得在境内外其他账户周转"的规定。

第48招　帮人不累己
代扣代缴的税费，摇身一变也能节省成本

金财宝宝是欣宇科技的签约顾问，定期参与企业为员工提供的培训。2018年12月5日，金财宝宝根据企业安排，来到公司的培训会场。走进会场眼前一亮，主席台前坐着一位金发美女，企业为了提高员工研发水平，特意从美国硅谷请来了丽莎博士。

金财宝宝心想，这回公司可是下血本了。于是便轻声问站在身边的王会计："这美女，来一趟不容易，花了多少银子。"王会计答道："丽莎是董事长儿子的同学，恰巧来北京玩，所以不贵，课酬2,000元，就是要公司帮她代开增值税发票。第一次代开，我正不知如何入账对公司有利呢，今天正好您也在，帮学生把把关。"金财宝宝笑笑说："看在是美女博士的课酬费的份上，就免了让你请我吃饭了。"他接着说："因为代垫代扣税款是不能直接纳入税前抵扣的，因此在财务入账时应按含税列支。比如此次丽莎的

此次丽莎的课时费不是2,000元，应当是"含税"课时费2,375.9元。

课时费不是 2,000 元，应当是'含税'课时费 2,375.9 元。"王会计伸出大拇指道："果然还是师父高明。"

【分析】

企业代垫代扣个人所得税等税款的实际负担人是取得相应报酬的个人，企业只是履行代扣代缴义务，因此代垫代扣税款不符合税前扣除的税金或附加。因此企业在知道授课费净额前提下，倒算税前讲课费，然后按照"含税"课时费（含课时费净额和代垫代扣税款）在税前扣除。实际操作中，企业类似向个人借款的利息支出、向个人租房的房租支出、私车公用的租车支出、税后工资、薪金安排等成本费用支出等，都可以采用上述方法，倒算出含税的支出，提前做出安排。这样，所代垫代扣的税费才可在计算应纳税所得额时扣除。

【对比】

筹划前，按照不含税课时费列支，2,000 元纳入应纳税所得额扣除。

具体计算：财务实际支出 =2,000+375.9=2,375.9（元）。但其中 375.9 元不纳入应纳税所得额扣除。

筹划后，按照含个人所得税课时费列支，2,375.9 元纳入应纳税所得额扣除。

具体计算：

应纳税所得额 =（不含税收入额 -800）÷（1-税率）=（2,000-800）÷（1-20%）=1,500（元）。

应纳个人所得税 =1,500×20%=300（元）。

"含税"课时费 =2,000+300=2,300（元）。

应纳增值税 =2,300×3%=69（元）。

应纳城建及教育费附加 =69×（3%+7%）=6.9（元）。

代扣代缴的税费 =300+69+6.9=375.9（元）。

实际支付的含税讲课费为 2,375.9 元，税后讲课费为 2,000 元。

【结果】

筹划后，可将企业代垫代扣的 375.9 元税款纳入应纳税所得额扣除。

政策依据

1.《中华人民共和国企业所得税法》第八条规定：企业实际发生的与取得收入有关的、合理的支出，包括成本、费用、税金等，准予在计算应纳税所得额时扣除。

2.《中华人民共和国企业所得税法实施条例》第二十七条规定：企业所得税法第八条所称合理的支出，指符合生产经营活动常规，应当计入当期损益或者与资产成本有关的必要和正常的支出。

3.《中华人民共和国企业所得税法实施条例》第三十一条规定：企业所得税法第八条所称税金，指企业发生的除企业所得税和允许抵扣的增值税以外的各项税金及其附加。

4.《国家税务总局关于雇主为雇员承担全年一次性奖金部分税款有关个人所得税计算方法问题的公告》（国家税务总局公告 2011 年第 28 号）第四条规定：雇主为雇员负担的个人所得税款，应属于个人工资、薪金的一部分。凡单独作为企业管理费列支的，在计算企业所得税时不得税前扣除。

第49招 本是同根生
全资控股母子公司直接划转股权，大幅降低成本

清晨，湛蓝色的天空映照着尚未熄灭的路灯，天际还闪烁着几颗被世界遗留的星。这是金财宝宝第N次来厦门出差，每一次厦门都给他留下不一样的感受。"金老师，您这么早。"金财宝宝回头笑笑，对同事亮小一说："还早，你可以再睡会。"亮小一问道，"您是不是为纵横集团优化股权结构的方案而费心？"金财宝宝说："他们这次的股权优化我已心中有数，直接划转就能达到最优。"

此次赴厦门是根据公司安排，参加纵横集团的会议，为集团公司相关股权事宜提出优化建议。纵美公司和纵鑫公司均为纵横集团公司的全资子公司，为优化股权结构，2019年3月集团公司股东会作出决议，将其持有纵美公司的50%的股权转让给纵鑫公司。纵横公司对纵美公司初始投资成本800万元。经评估，纵美公司净资产公允价值3,000万元，其

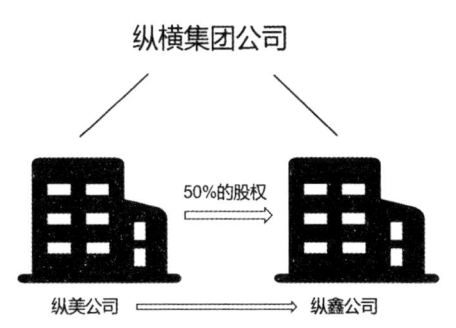

中：实收资本800万元，未分配利润1,820万元，法定盈余公积380万元。

【分析】

如果按照有偿转让则需缴纳企业所得税。因纵美公司和纵鑫公司均为纵横集团的全资子公司，通过划转方式给纵鑫公司即可实现转让。由于是母子公司之间的权益交易，不需确认损益，向主管税务机关办理相关备案手续即可。

【对比】

筹划前，有偿转让，即先分配利润再转让股权。

第一步：分配利润=（1,820+380）×50%=1,100（万元），根据企业所得税法及实施条例规定，居民企业直接投资于其他居民企业取得的投资收益，属于免税收入。

第二步：分红后纵美公司净资产=3,000-1,100=1,900（万元）。

股权转让价=1,900×50%=950（万元）。

股权转让成本=800×50%=400（万元）。

股权转让应缴纳企业所得税=（950-400）×25%=137.5（万元）。

筹划后，划转转让。

由纵横公司将其持有的纵美公司50%的股权通过划转方式给纵鑫公司，向主管税务机关办理相关备案手续即可。

【结果】

筹划后，只需备案，无需缴纳137.5万元的企业所得税。

政策依据

1.《财政部 国家税务总局关于促进企业重组有关企业所得税处理问题的通知》(财税〔2014〕109号)第三条规定：关于股权、资产划转。对100%直接控制的居民企业之间，以及受同一或相同多家居民企业100%直接控制的居民企业之间按账面净值划转股权或资产，凡具有合理商业目的、不以减少、免除或者推迟缴纳税款为主要目的，股权或资产划转后连续12个月内不改变被划转股权或资产原来实质性经营活动，且划出方企业和划入方企业均未在会计上确认损益的，可以选择按以下规定进行特殊性税务处理：

①划出方企业和划入方企业均不确认所得。

②划入方企业取得被划转股权或资产的计税基础，以被划转股权或资产的原账面净值确定。

③划入方企业取得的被划转资产，应按其原账面净值计算折旧扣除。

2.《国家税务总局关于资产(股权)划转企业所得税征管问题的公告》(国家税务总局公告2015年第40号)第一条规定:《通知》第三条所称"100%直接控制的居民企业之间，以及受同一或相同多家居民企业100%直接控制的居民企业之间按账面净值划转股权或资产"，限于以下情形：

(一)100%直接控制的母子公司之间，母公司向子公司按账面净值划转其持有的股权或资产，母公司获得子公司100%的股权支付。母公司按增加长期股权投资处理，子公司按接受投资(包括资本公积，下同)处理。母公司获得子公司股权的计税基础以划转股权或资产的原计税基础确定。

（二）100%直接控制的母子公司之间，母公司向子公司按账面净值划转其持有的股权或资产，母公司没有获得任何股权或非股权支付。母公司按冲减实收资本（包括资本公积，下同）处理，子公司按接受投资处理。

（三）100%直接控制的母子公司之间，子公司向母公司按账面净值划转其持有的股权或资产，子公司没有获得任何股权或非股权支付。母公司按收回投资处理，或按接受投资处理，子公司按冲减实收资本处理。母公司应按被划转股权或资产的原计税基础，相应调减持有子公司股权的计税基础。

（四）受同一或相同多家母公司100%直接控制的子公司之间，在母公司主导下，一家子公司向另一家子公司按账面净值划转其持有的股权或资产，划出方没有获得任何股权或非股权支付。划出方按冲减所有者权益处理，划入方按接受投资处理。

第50招　优选企业类型
只要条件符合，每两年便可节约成本1.75亿元

王总最近心事重重，他名下有一家创业投资企业，适用25%的企业所得税税率，他计划在2020年2月前对外股权投资10亿元，相关部门提出两套方案：方案一是一家成熟的大型高新技术企业；方案二是一家初创期中型科技型企业。两个方案的投资收益率大体相当。王总自身税务知识水平有限，不知该如何选择，只得求助财税专家金财宝宝。金财宝宝在查阅了相关资料后，顿时计上心头。

【分析】

公司制创业投资企业采取股权投资方式直接投资于种子期、初创期科技型企业满2年（24个月）的，可以按照投资额的70%在股权持有满2年的当年抵扣该公司制创业投资企业的应纳税所得额；当年不足以抵扣的，可以在以后纳税年度结转抵扣。

【对比】

筹划前，如果选择方案一，可抵扣的应纳税所得额为0。

筹划后，选择方案二可以为王总的公司创造可抵扣应纳税所得额为7亿元（10×70%）。

未来可以减少应纳税额 1.75（7×25%）亿元。

若在 2019 年 12 月完成相关投资，就可以在 2021 年度享受该项优惠；如果在 2020 年 1 月投资，则需推迟至 2022 年度才能开始享受该项优惠。

投资满 2 年后即可撤出，再选择其他初创期中型科技型企业进行投资，这样，该 10 亿元的投资可以每 2 年为企业创造 7 亿元的抵扣额，相当于每年 3.5 亿元的抵扣额，即每年节省成本 8,750 万元。

【结果】

两方案比较，通过财税筹划，后者每两年就能帮助企业节约成本 1.75 亿元。

政策依据

《财政部 税务总局关于创业投资企业和天使投资个人有关税收政策的通知》（财税〔2018〕55 号）第一条规定：公司制创业投资企业采取股权投资方式直接投资于种子期、初创期科技型企业（以下简称初创科技型企业）满 2 年（24 个月，下同）的，可以按照投资额的 70% 在股权持有满 2 年的当年抵扣该公司制创业投资企业的应纳税所得额；当年不足抵扣的，可以在以后纳税年度结转抵扣。

第51招 定价转移
成立自己的全资商贸公司,节约成本上百万元

又是一年端午节,江南夏日的灼热荡尽最后的春意,高树和灌木俯仰生姿,蜂蝶与花草相拥成趣。夏天迎来了端午节,也迎来了康美农资生产有限公司生产赤霉霜系列产品(植物生长剂,属农药)的上市一周年庆典。在这特殊的日子,金财宝宝被董事长吴劲作为特邀嘉宾请来。

吴劲是金财的VIP学员,复训了六次财务课程。一年前正是金财宝宝的出谋划策,才让公司取得了良好效益。当年新产品的定价,着实让吴董事长困顿许久,直至经金财宝宝点拨"定价转移"后恍然大悟,并且在预计年生产产量约80吨的情况下,如期获得较大盈利。

【分析】

国家为支持农业发展,利用生产销售等环节设置免税条件,既达到惠农目的,又助推企业提高环保意识。企业也可合理运用税收优惠,节约成本。

【对比】

筹划前，公司产品直接销售给客户，假定每公斤定价5,000元。

具体计算：

主营业务收入=80×1,000×5,000=4,000（万元）。

计提销项税金=4,000×9%=360（万元）。

筹划后，另成立一家全资商贸子公司A，从事农资批发零售业务，再销售给客户，康美农资公司每公斤定价3,500元，A公司定价每公斤5,000元。开具增值税普通发票给A公司。

具体计算：

主营业务收入=80×1,000×3,500=2,800（万元）。

计提销项税金=2,800×9%=252（万元），A公司销售每公斤单价5,000元，取得销售收入4,000万元，根据相关规定免征增值税。

【结果】

筹划后，充分运用销售环节不同，享受优惠政策，最终可为企业节省成本108万元。同时，A公司购进的主营业务成本含增值税252万元，可在税前多扣除252万元。

政策依据

1.《财政部 国家税务总局关于农业生产资料征免增值税政策的通知》（财税〔2001〕113号）第一条第4项规定：批发和零售的种子、种苗、化肥、农药、农机免征增值税。

2.《财政部 海关总署 国家税务总局关于农药税收政策的通知》(财税〔2003〕186号)第三条规定:自2004年1月1日起,《财政部、国家税务总局关于若干农业生产资料征免增值税政策通知》(财税〔2001〕113号)第一条第3项关于对国产农药免征生产环节增值税的政策停止执行。

3.《财政部 国家税务总局 海关总署关于深化增值税改革有关政策的公告》(财政部 国家税务总局 海关总署公告2019年第39号)规定:增值税一般纳税人(以下称纳税人)发生增值税应税销售行为或者进口货物,原适用16%税率的,税率调整为13%;原适用10%税率的,税率调整为9%。

第52招　优选清算日
巧妙设置清算日，成本节约有空间

金财宝宝的同事亮小一长长地叹了一口气，意德公司董事会于2019年8月向股东会提交解散申请书，股东会于9月20日通过并作出决议：清算开始日定于10月1日，清算时间为两个月。这是亮小一不想看到的结果，因为这家公司是亮小一刚出道担任的第一家顾问公司。十年的顾问服务，除了业务关系，更与公司有了同命运的情感。

受董事长的委托，为站好最后一班岗，该公司财务部在内部清算时发现，1月至9月底公司预计盈利100万元（适用税率25%），并且公司在清算初期会发生巨额的清算支出。假定整个清算期间（10月1日至11月30日）的清算损失为150万元，其中10月1日至10月14日会发生清算支出100万元，10月15日至11月30日会发生清算支出50万元。针对这一情况，亮小一建议优选清算日期。

【分析】

清算前有盈利,清算所得为亏损时,企业可以将清算前发生的收入支出后移到清算期间或将清算期间发生的费用前移到清算前,以冲抵企业盈利,这种前移或后移可以通过优选清算日期实现。

【对比】

筹划前,清算开始日定于10月1日,应纳企业所得税25万元。

具体计算:

生产经营年度(1月1日至9月30日)应纳企业所得税为25万元(100×25%)。

清算年度(10月1日至11月30日)发生清算损失150万元,不缴纳企业所得税。

筹划后,清算开始日定于10月15日,不纳企业所得税。

具体计算:

生产经营年度(1月1日至10月14日)应纳企业所得税为0万元。

清算年度(10月15日至11月30日)发生清算损失50万元,不缴纳企业所得税。

【结果】

筹划后,企业可节省成本25万元。

政策依据

1.《中华人民共和国企业所得税法》第五十三条规定：企业在一个纳税年度中间开业，或者终止经营活动，使该纳税年度的实际经营期不足十二个月的，应当以其实际经营期为一个纳税年度。企业依法清算时，应当以清算期间作为一个纳税年度。

2.《国家税务总局关于企业清算所得税有关问题的通知》（国税函〔2009〕684号）第一条规定：企业清算时，应当以整个清算期间作为一个纳税年度，依法计算清算所得及其应纳所得税。企业应当自清算结束之日起15日内，向主管税务机关报送企业清算所得税纳税申报表，结清税款。

第53招 踩准"临界点"
大修理变身日常维修，递延纳税即刻现身

佩戴党徽的亮小一，今天显得格外精神。这是他第一次作为一名党员按照公司党支部的安排，参加基层党组织一对一的结对共建活动，共同结对的企业是同一辖区内的龙腾实业有限公司。

活动中，龙腾集团对亮小一的到来表示热烈的欢迎，并在得知亮小一是财税专家后，财务部负责人王总请亮小一多多指导。他介绍2019年公司准备对旧生产设备进行大修，预计大修过程中所耗材料费、配件费195万元，支付工人工资6万元，总花费201万元。而整台设备原价值为400万元，预计可使用年限6年。王总问询在财税方面如何做更有利于公司，亮小一建议踩准临界点，可以递延纳税。

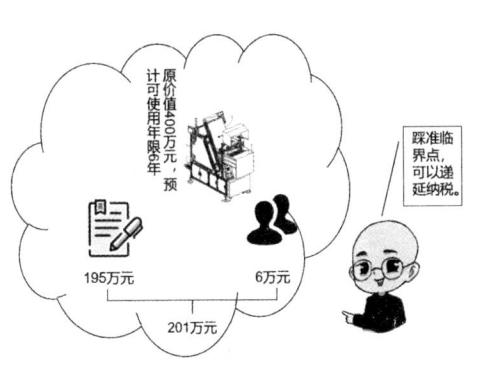

【分析】

企业修理固定资产预算支出，要求生产部门加强与财务部门的沟通，结合企业盈利情况有计划地制定，将不必要的资本化支出日常化，达到递延纳税的目的。

【对比】

筹划前，花费201万元，超出了设备原值（计税基础）的50%，一律作为大修理支出。应按固定资产尚可使用年限6年分期摊销，每年可在税前扣除额为33.5万元。

筹划后，在大修之前，合理安排部分配件或材料费，节省修理支出，共计花费199万元，在200万元以下，将该部分支出视为日常维修。

【结果】

筹划后，发生的修理费用199万元可直接计入当期损益在税前进行扣除，获得递延纳税。

政策依据

1.《中华人民共和国企业所得税法》第十三条规定：企业发生的固定资产大修理支出，作为长期待摊费用，按照规定摊销的，准予扣除。

2.《中华人民共和国企业所得税法实施条例》第六十九条规定：

企业所得税法第十三条第（三）项所称固定资产的大修理

支出,是指同时符合下列条件的支出:

(一)修理支出达到取得固定资产时的计税基础50%以上;

(二)修理后固定资产的使用年限延长2年以上。

企业所得税法第十三条第(三)项规定的支出,按照固定资产尚可使用年限分期摊销。

第54招 内外有别
卡住扣除费用限额点,相互结转节省成本

拗不过老同学严卿的再三邀请,亮小一顾不上回乡探亲的旅途劳顿,随他一起在县城五星级酒店吃饭。严卿的文化程度不高,高中毕业就外出打拼,后来开了自己的建筑公司,并在县城小有名气。亮小一每次回乡也很少在县城逗留,第一次光临县城的五星酒店,豪华程度不比北京的差,看着一桌美味佳肴便提醒对方不要破费。老同学严总也毫不避讳回答,每年这样的费用好几百万元,自家兄弟来了自然是最高规格接待。亮小一条件反射地问:"那你费用怎么消化?"严卿坏坏地一笑,说道:"是哟,这不知道你回来一趟不容易,所以待会要'绑架'您去我公司一趟。"亮小一笑着说:"原来今天赴的是'鸿门宴'呀,真拿你没办法。"

因时间有限,亮小一简单查看了业务招待费相关凭证,发现严总的建筑公司2018年

2018年营业收入为20,000万元,但将员工开会、加班用餐在内的所有餐费260万元全部计入了业务招待费。

营业收入为20,000万元，但将员工开会、加班用餐在内的所有餐费260万元全部记入了业务招待费。于是叫公司财务总监组织人员对所有餐费仔细甄别真实用途，建议分类整理列入相应科目。通过一个小时的甄别和调整，应列业务招待费140万元、会议费70万元、职工福利费50万元。亮小一笑着说："按照你们公司实际情况，如果将会议费、职工福利费等单独核算，根据税法规定可以全额税前扣除，公司可以节省一些成本。"财务总监点头称是，并连连道谢。

【分析】

根据税法规定，企业发生的业务招待费支出按照发生额的60%扣除，但最高不超过当年营业收入的0.5%；发生的会议费可全额扣除；发生的职工福利费在工资总额的14%以内可据实扣除。在证据资料充分时，根据实际情况，合理分配费用额度，增加可抵扣范围，是一种较为妥善的选择。

【对比】

科目调整前，业务招待费扣除限额100万元。
具体计算：
营业收入=20,000×0.5%=100（万元）。
业务招待费=260×60%=156（万元）。
应调增应纳所得税额=（260-100）×25%=40（万元）。
科目调整后，业务招待费扣除限额84万元。
具体计算：

营业收入=20,000×0.5%=100（万元）。

业务招待费=140×60%=84（万元）。

业务招待费调增应纳所得税额=（140-84）×25%=14（万元）。

【结果】

调整后，企业可减少成本26万元。

政策依据

1.《中华人民共和国企业所得税法》第八条规定：企业实际发生的与取得收入有关的、合理的支出，包括成本、费用、税金、损失和其他支出，准予在计算应纳税所得额时扣除。

2.《中华人民共和国企业所得税法实施条例》第四十三条规定：企业发生的与生产经营活动有关的业务招待费支出，按照发生额的60%扣除，但最高不得超过当年销售（营业）收入的5‰。

第55招 粗细各异
紧跟农户贷款政策步伐，细化目标计划

乌衣巷深，青砖黑瓦，这里是典型南方特色的小镇。这次邀请亮小一的东道主是当地的银行行长陈兮，也是亮小一的学妹。半个月前，陈兮负责的银行被市税务局稽查，并被通报因贷款损失准备多提部分未按要求调整纳税，需补缴税款、滞纳金及罚款共912.6万元。一直以来，该行的综合税负率偏高，但多次查找原因都没能找到症结。这件事事关重大，陈兮非常重视，只好拜托远在北京的师兄亮小一亲临现场指导。

经实地调研后，亮小一告诉学妹，该银行税负偏重的原因不是出在财务纳税环节，而是计划指导过于粗放导致贷款投向不合理，产生的利息收入无法享受相关优惠政策，从而导致税负加重，并列举出调研数据进行说明：2018年度下达新增贷款计划100,000万元，当年实际新增贷款110,000万元，

其中新增 10 万元以下农户小额贷款仅为 30,000 万元,加权平均贷款利率 8%。该银行地处以农业为主的贫困县,加大涉小额农户贷款投入,是一条好的出路,建议细化目标计划,在下达新增贷款总量计划时,明确 10 万元以下农户贷款计划比重,参照同类银行数据新增 10 万元以下农户小额贷款 80,000 万元应该可以达成,这样,增加的 50,000 万元均可享受税收优惠,银行的成本自然会降低。学妹陈兮对师兄不畏远途并给出专业的指导建议表示十分感激。

【分析】

国家为了鼓励农村金融发展,引导金融企业加大对农村、农户经济的扶持力度,对发放 10 万元以下农户小额贷款取得的贷款利息收入在计算应纳税所得额时,按 90% 计入收入总额(免税额 10%)。因此,该行应该紧跟政策步伐,细化经营计划,结合本地实际情况,明确 10 万元以下农户小额贷款比重,合理引导贷款投向,提高农户小额贷款的比重,更多地享受税收优惠政策。

【对比】

计划调整前,全年新增 10 万元以下农户贷款 30,000 万元。

具体计算:免税收入 =30,000×8%×10%=240(万元)。

计划调整后,全年新增 10 万元以下农户贷款 80,000 万元。

具体计算:免税收入 =80,000×8%×10%=640(万元)。

【结果】

通过调整，银行成本减少100万元。而且，同步享有增值税优惠，本文在此不再另算。

政策依据

《财政部 税务总局关于延续支持农村金融发展有关税收政策的通知》(财税〔2017〕44号) 规定：自2017年1月1日至2019年12月31日，对金融机构农户小额贷款的利息收入，免征增值税；自2017年1月1日至2019年12月31日，对金融机构农户小额贷款的利息收入，在计算应纳税所得额时，按90%计入收入总额；本通知所称小额贷款，是指单笔且该农户贷款余额总额在10万元（含本数）以下的贷款。

第56招 量入为出
成立销售公司，增加扣除额度

踏过苏州的桥，饮过绍兴的酒，驾一叶西塘的乌篷船，掬一捧杭州的西湖水，梦一般的江南……亮小一每次来到江南都感到满满的诗意。虽然出差任务已于昨日结束，但他十分留恋这江南的雨季，为自己找了个多待一天的理由，向公司请了一天事假。第二天清晨，便撑着一把雨伞，到大学同学夏年风的网络公司转转，给他一个惊喜。

多年不见，夏年风的公司办得有声有色，内部管理井然有序，只是夏年风的头上平添些许白发。夏年风见到亮小一格外开心，同时也说起近年来经营的难处，尤其谈到公司为了吸引人气，每年需要大量投入广告等宣传性费用，却只有小部分能在当年税前扣除。虽说可以结转以后年度，但不知何年能清零呀。随后，亮小一了解到，夏总公司内设销售部门，2018

公司为吸引人气，每年需要投入广告等宣传性费用，却只有小部分能在当年税前扣除，虽说可以结转以后年度，但不知何年能清算。

年销售收入30,000万元,产品成本20,000万元,会计利润2,000万元,当年列支广告费5,000万元、业务宣传费790万元。于是建议夏总设立独立核算的销售公司,通过双重销售,扩大销售收入,增加可扣除金额。

【分析】

现行税法对广告费与业务宣传费实行合并计算,对不超过当年销售(营业)收入15%的部分,准予扣除;超过部分,准予在以后纳税年度结转扣除。如果企业每年列支的宣传费用均超过限额,超额部分即使可以在以后年度扣除也无太大的意义。在这种情况下,企业可以设立单独核算的销售公司,将产品通过销售给销售公司再对外销售的双重销售,来增加其企业集团的销售额,达到提高税前扣除额度的目的。

【对比】

筹划前,不改变公司形式。该公司2018年度广告费、业务宣传费合计调增应纳税所得额=5,000+790-30,000×15%=1,290(万元),应调增应纳税额=1,290×25%=322.5(万元)。

筹划后,改变公司形式,公司销售给新成立的销售公司实现销售收入22,000万元(假定按10%的利润率定价),销售公司对外销售实现销售收入30,000万元,其他情况不变。

企业集团销售收入=22,000+30,000=52,000(万元),允许当年扣除的广告费与业务宣传费的扣除限额=52,000×15%=7,800(万元),大于当年实际列支金额,可全额扣除,不会调增应纳税额。

【结果】

设立单独核算的销售公司后,企业集团当年可节省成本322.5万元。

政策依据

1.《中华人民共和国企业所得税法实施条例》第四十四条规定:发生的符合条件的广告费和业务宣传费支出,除国务院财政、税务主管部门另有规定外,不超过当年销售(营业)收入15%的部分,准予扣除;超过部分,准予在以后纳税年度结转扣除。

2.《财政部 国家税务总局关于广告费和业务宣传费支出税前扣除政策的通知》(财税〔2017〕41号)规定:对签订广告费和业务宣传费分摊协议(以下简称分摊协议)的关联企业,其中一方发生的不超过当年销售(营业)收入税前扣除限额比例内的广告费和业务宣传费支出可以在本企业扣除,也可以将其中的部分或全部按照分摊协议归集至另一方扣除。另一方在计算本企业广告费和业务宣传费支出企业所得税税前扣除限额时,可将按照上述办法归集至本企业的广告费和业务宣传费不计算在内。

本通知自2016年1月1日起至2020年12月31日止执行。

第57招 择善而行
捐赠途径选得好，成本也能少又少

今年秋天，亮小一收到一个沉甸甸的大包，满满的一袋红枣，这是去年李总扶贫捐赠地的乡亲们给李总邮寄的，李总特意让司机开车送过来，并感谢亮小一一年前的财税建议。

一年前的一次闲聊中，李总告诉亮小一，2018年度资金还算充裕，决定向处于贫困山区的老家捐赠100万元，有两种选择：一是直接向村里捐款，比较简单直接；二是在当地举办慈善义演现场，通过慈善机构向村里捐款。想请亮小一给个主意。经了解，李总公司当年不含捐赠应纳税所得额为900万元，企业所得税税率为25%。亮小一对李总扶贫助弱的情怀感到非常敬佩，并建议他采用第二种方式，通过公益性捐赠可以为公司节省成本。

【分析】

按照现行税法，企业发生的公益性捐赠，在

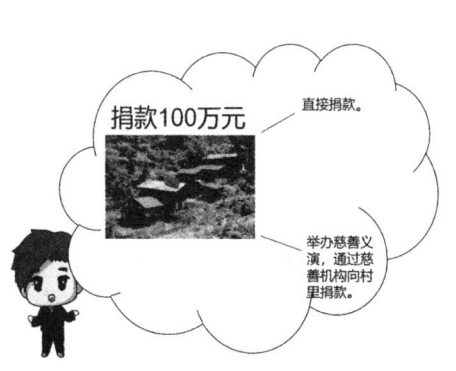

年度利润总额12%以内的部分可以在税前扣除。公益性捐赠是指通过公益性团体或者县级（含）以上人民政府及其部门，用于《中华人民共和国捐赠法》规定的公益事业的捐赠。在方案的选择上，是否属于公益性捐赠较为关键。

【对比】

筹划前，直接捐赠，依据规定不得在所得额中扣除。
具体计算：
企业实际应缴企业所得税额=900×25%=225（万元）。
筹划后，通过慈善机构捐赠。
具体计算：
扣除限额=（900-100）×12%=96（万元），小于捐赠金额100万元。企业实际应缴纳的企业所得税=（900-100+4）×25%=201（万元）

【结果】

采用筹划后，企业成本可降低24万元。

政策依据

1.《中华人民共和国企业所得税法》第九条规定：企业发生的公益性捐赠支出，在年度利润总额12%以内的部分，准予在计算应纳税所得额时扣除。

2.《中华人民共和国企业所得税法实施条例》第五十一条规定：企业所得税法第九条所称公益性捐赠，是指企业通过公益性社会团体或者县级以上人民政府及其部门，用于《中华人民共和国公益事业捐赠法》规定的公益事业的捐赠。

3.《财政部 国家税务总局 民政部关于公益性捐赠税前扣除有关问题的通知》(财税〔2008〕160号)第三条规定：用于公益事业的捐赠支出，是指《中华人民共和国公益事业捐赠法》规定的向公益事业的捐赠支出，具体范围包括：①救助灾害、救济贫困、扶助残疾人等困难的社会群体和个人的活动；②教育、科学、文化、卫生、体育事业；③环境保护、社会公共设施建设；④促进社会发展和进步的其他社会公共和福利事业。

第58招　锦上添花
"业务招待费"变身"业务宣传费"

端午节前夕，老客户海星科技实业有限公司的财务总监闵学良来公司拜见"师父"亮小一。

闵总像往常一样，径直来到了亮小一的办公室，并将手上印有科技公司LOGO的礼品袋放在亮小一的办公桌上，礼品袋里装着颜色鲜艳、模样憨态可掬的卡通粽子状的U盘。闵总说道："看，师父，我对您说的话可是'言听计从'。"原来，在今年春节，闵总给亮小一送礼品的时候，聊到了公司当年实现U盘销售收入2,000万元，适用企业所得税税率25%，公司全年业务招待费支出为100万元，业务宣传费支出为150万元，招待费压力很大。亮小一建议逢年过节送给客户的礼品由普通消费品改为公司产品的样品，并在包装盒上印上公司的LOGO，这样，礼品的成本就可以列

逢年过节送给客户的礼品包装印上公司的LOGO，可列支为宣传费用。

支为宣传推广费用。闵总回公司后立刻策划并行动,在今年的端午节就派上了用场。

【分析】

广告费与业务宣传费都是为了达到促销目的而支付的费用,既有共同属性也有区别,由于现行税法对广告费与业务宣传费实行合并扣除,因此再从属性上对二者进行区分已没有任何实质意义。企业无论是通过广告公司宣传(发布、播映、宣传、展示广告),还是通过各类印刷、制作单位制作如购物袋、遮阳伞、各类纪念品等印有企业标志的宣传物品,所支付的费用均可合并在规定比例内予以扣除。

在实际操作中,很多企业在业务招待费中列支送给客户的礼品,如果在礼品印上企业标识,作为本企业形象、产品的宣传品,从而将部分业务招待费转化为业务宣传费,通过提高税前扣除额度,达到节省成本的目的。

【对比】

筹划前,在所有礼品全部记入业务招待费时,当年业务招待费的扣除限额为10万元。

在2,000×5‰=10(万元)与100×60%=60(万元)中取低值,无法扣除的业务招待费=100-10=90(万元)。

筹划后,如果从业务招待费调整50万元到业务宣传费(假定符合业务宣传费要求),调整后的业务宣传费=150+50=200(万元),业务宣传费扣除标准=2,000×15%=300(万元),可全额扣除。

调整后的业务招待费=100-50=50(万元),当年业务招待费的扣除限额仍为10万元[取2,000×5‰=10（万元）与50×60%=30（万元）中的低值]，无法扣除的业务招待费=50-10=40（万元）。

【结果】

调整后比调整前可为企业降低成本12.5万元[（90-40）×25%]。

政策依据

1.《中华人民共和国企业所得税法实施条例》第四十三条规定：企业发生的与生产经营活动有关的业务招待支出，按照发生额的60%扣除，但最高不得超过当年销售（营业）收入的5‰。

2.《中华人民共和国企业所得税法实施条例》第四十四条规定：发生的符合条件的广告费和业务宣传费支出，除国务院财政、税务主管部门另有规定外，不超过当年销售（营业）收入15%的部分，准予扣除；超过部分，准予在以后纳税年度结转扣除。

第59招 分期确认
紧跟技术创新政策，找准转让临界点

车缓缓地开进了蓝湾科技集团大院，亮小一作为财税专家受邀参加此次宣讲。近期，国家为鼓励技术创新出台了一系列政策，特安排相关专家深入企业宣讲，将政策贯彻落实，真正让技术创新企业受益。

亮小一作为宣讲团成员，不仅为蓝湾集团的中层以上领导宣讲了当前相关技术创新的优惠政策，还专门设置了提问环节，切实为企业破解难题。在企业提问环节中，该集团的财务总监提到公司属于高新技术企业，2018年度转让专利技术收入900万元，相关成本费用200万元，企业所得税税率15%，如何签署转让合同对公司财税方面会更有利？亮小一建议分期确认收入。

【分析】

根据税收现行政策，该公司转让专利技术所得不超过500万元的部分，免征企业所得税；

超过500万元的部分减半征收企业所得税。如果该公司签订技术转让合同时，明确收款分为固定部分和浮动部分，固定部分700万元在产权转移时支付，浮动部分200万元在第二年实际使用效果达到双方约定的标准后支付。合同这样约定之后，第二笔付款就递延到第二年确认收入，从而节省成本。

【对比】

筹划前，一次确认收入。
转让所得=900-200=700（万元）。
应纳企业所得税额为（700-500）×15%×50%=15(万元)。

筹划后，分期确认收入。
第一年以合同确认收款700万元确认收入，转让所得=700-200=500（万元）；第二年合同确认收款200万元确认收入，转让所得小于200万元；两个年度转让所得均未超过500万元，税负为零。

【结果】

采用分期确认收入较一次确认收入节省成本15万元。

政策依据

《中华人民共和国企业所得税法实施条例》第九十条规定：企业所得税法第二十七条第（四）项所称符合条件的技术转让所得免征、减征企业所得税，是指一个纳税年度内，居民企业技术转让所得不超过500万元的部分，免征企业所得税；超过500万元的部分，减半征收企业所得税。

第60招　抓大弃小
小微政策优惠多，"公益捐赠"来帮忙

亮小一喜欢喝茶，茶叶初泡时，淡淡的茶香袅袅升起，他感到身心放松。艾辰实业有限公司的董事长谢雨辰和亮小一都有品茶的爱好。时值年末，谢总便邀请亮小一来公司品味珍藏多年的普洱。

谢雨辰的办公室清新淡雅，每个角落都摆放着植物，身着淡绿长裙的谢总，正泡着茶等候亮小一的到来。两人一边品茶一边聊天，问着彼此的近况。谢总提到2018年度企业的生产比较平稳，平均资产总额2,800万元，平均从业人员80人，销售收入2,400万元，实现会计利润330万元。她了解到，最近国家一直对小微企业有利好政策，但如何在自身企业运用，还是希望亮小一多多指点。亮小一在茶台上拿起一个较小的茶杯说："可考虑采取合理的办法，让公司'抓大弃小'，即通过公益性捐赠小部分利润，让公司成为一个合格的小微企业。"

【分析】

国家对小型微利企业的企业所得税有较大优惠,如何抓住"大"至关重要。艾辰实业除利润外,其他指标均符合小型微利企业标准。可以合理分离出去小部分的利润,使之符合"小"的标准,从而达到增加净利润的目的。

【对比】

筹划前,利润不作调整。

具体计算:

公司应纳企业所得税税额为 330×25%=82.5(万元)。

净利润为 330-82.5=247.5(万元)。

筹划后,利润作调整,假设该公司将利润的12%按照税法要求的条件进行公益性捐赠。

具体计算:

应纳税所得额=330×(1-12%)=290.4(万元)(符合小型微利企业标准)。

应纳企业所得税税额=100×25%×20%+(290.4-100)×50%×20%=24.04(万元)。

净利润=290.4-24.04=266.36(万元)。

【结果】

通过捐赠适当让利后,净利润增加18.86万元(266.36-247.5)。

政策依据

1.《关于实施小微企业普惠性税收减免政策的通知》(财税〔2019〕13号)第一条规定:

对月销售额10万元以下(含本数)的增值税小规模纳税人,免征增值税。

2.《关于实施小微企业普惠性税收减免政策的通知》(财税〔2019〕13号)第二条规定:

对小型微利企业年应纳税所得额不超过100万元的部分,减按25%计入应纳税所得额,按20%的税率缴纳企业所得税;对年应纳税所得额超过100万元但不超过300万元的部分,减按50%计入应纳税所得额,按20%的税率缴纳企业所得税。

上述小型微利企业是指从事国家非限制和禁止行业,且同时符合年度应纳税所得额不超过300万元、从业人数不超过300人、资产总额不超过5000万元等三个条件的企业。

从业人数,包括与企业建立劳动关系的职工人数和企业接受的劳务派遣用工人数。所称从业人数和资产总额指标,应按企业全年的季度平均值确定。具体计算公式如下:

季度平均值=(季初值+季末值)÷2

全年季度平均值=全年各季度平均值之和÷4

年度中间开业或者终止经营活动的,以其实际经营期作为一个纳税年度确定上述相关指标。

第61招 增加基数
分设公司好处多,基数变大成本低

天源公司是一家成立时间不长的生物制药企业,其主打产品目前处于市场开发阶段,营销公关对企业来说非常关键。其产品营销阶段和营销模式决定了企业要支出高额业务招待费。但税法对招待费支出有限制性规定,取实际发生额的60%与销售收入5‰两个指标的较低者。天源公司的财务负责人王涵为此感到有点茫然,如何将高额的业务招待费在企业所得税前进行扣除,从而降低企业成本,提高效益?为此,王涵咨询了财税专家亮小一。

亮小一查询了该企业的基本资料,初步了解的情况如下:2018年天源公司年销售收入预计为25,000万元,当年业务招待费为400万元,企业所得税率为25%,新产品毛利率为6%。为打通产品的销路,公司内部设立了专门的营销部门,当年业务招待费主要是因销售新产品发生的,鉴于该新产

品性能优越,营销部门预计新产品的年销售增长率为20%。亮小一提出如下建议:将企业的营销部门分离出来,单独成立一个独立核算的销售公司。

【分析】

按税法规定,业务招待费的扣除有两个标准:一是不得超过实际发生额的60%;二是不得超过当年销售收入5‰。并且两者以低者在企业所得税前进行扣除,未扣除部分不得结转后期扣除。

按照实际发生额的60%标准,当年业务招待费扣除标准为240万元,按照当年销售收入5‰的标准,当年业务招待费扣除标准为125万元,遵从两者从低原则,该企业当年在企业所得税前业务招待费扣除标准为125万元。

针对天源公司的实际情况,亮小一提出如下建议:将企业的营销部门分离出来,成立一个独立核算的销售公司——A公司。天源公司将新开发的产品以22,000万元的价格卖给A公司,A公司将产品以25,000万元再销售。同时,将发生的业务招待费400万元进行有效分配,即天源公司分配190万元,A公司分配210万元。通过分设公司来提高业务招待费的扣除计算基数,切实减轻企业负担。

【对比】

筹划前,原有的业务招待费企业所得税税前扣除标准为:25,000×5‰=125(万元),超过标准的275万元不允许扣除。

筹划后,单独成立营销A公司后业务招待费企业所得税税前扣除标准为:(22,000+25,000)×5‰=235(万元),超过标准的165万元(400-235)不允许扣除。

【结果】

单独设立A公司后,总体上增值税并没有增加,但业务招待费企业所得税税前可多扣除110万元,如果年增长率在20%的话,以后产生扣除基数逐步扩大。同时,也扩大了广告宣传的税前扣除基数,从而切实减轻了企业的成本负担。

政策依据

《中华人民共和国企业所得税法实施条例》第四十三条规定:企业发生的与生产经营活动有关的业务招待费支出,按照发生额的60%扣除,但最高不得超过当年销售(营业)收入的5‰。

|第三篇|
CAIWUDELILIANG

个人所得税的税筹规划案例

❸

第62招　改变关系
个独+洼地，精准筹划个人所得税

李勒东在一家设计企业任首席设计师，在行业内是个小有名气的设计专家。在一次朋友聚会上认识了财税专家亮小一。于是他向亮小一咨询，自己名义上年薪360万元，但每年缴纳个税高达140多万元，每年税后实际所得工资仅有210万元，问是否有合理合法的财税筹划招数。亮小一经交流后得到的基本情况如下：

李勒东所在企业主要从事设计服务，在业务订单特别忙时，有时还外包部分设计业务，因近几年企业效益特别好，企业员工薪酬整体都较高。2018年李勒东年薪为360万元，即月薪为30万元。

【分析】

李勒东所在企业主要是从事现代服务，这种服务可以通过更多的外包形式来筹划个人所得税。亮小一于是向李勒东提出如下

建议：以李勒东个人名义成立个人独资企业，该企业主要经营范围则是对接上述设计外包业务。同时，改变李勒东与原所在企业合作方式，不签订劳务雇佣关系，而是以个人独资企业与原有的公司进行合作，签订相关外包合同。因年经营额不超过500万元，申请小规模纳税人，申请核定个人所得税，并将该个人独资企业注册在洼地。

【对比】

筹划前，按照工资所得计算个税（不考虑专项扣除及附加）。

具体计算：

年应交个税=（3,600,000-60,000）×45%-181,920=141.1（万元）。

筹划后，假设核定个税税率为2%，洼地综合扶持比例为35%。

具体计算：

应交增值税=360÷（1+3%）×3%=10.49（万元）。

应交个人所得税=360÷（1+3%）×2%=7（万元）。

应交地方附加税金=10.49×（7%+3%+2%）=1.26（万元）。

合计税金=10.49+1.26+7=18.75（万元）。

享受洼地政策后实际应交税金=18.75×（1-35%）=12.19（万元）。

【结果】

两者对比节省成本128.91万元（141.1-12.19），比例达91.36%。如此高效又合理合法的财税筹划方法，李勒东感到不可思议，于是激动地拉住亮小一的手。

政策依据

1.《财政部 税务总局关于统一增值税小规模纳税人标准的通知》(财税〔2018〕33号)第一条规定:增值税小规模纳税人标准为年应征增值税销售额500万元及以下。

2.《中华人民共和国个人所得税法实施条例》(国令第707号)第十五条规定:从事生产、经营活动,未提供完整、准确的纳税资料,不能正确计算应纳税所得额的,由主管税务机关核定应纳税所得额或者应纳税额。

3.《中华人民共和国个人所得税法实施条例》(国令第707号)第十六条规定:纳税人未提供完整、准确的财产原值凭证,不能按照本条第一款规定的方法确定财产原值的,由主管税务机关核定财产原值。

4.《中华人民共和国税收征收管理法》第三十五条规定:纳税人有下列情形之一的,税务机关有权核定其应纳税额:

(一)依照法律、行政法规的规定可以不设置账簿的;

(二)依照法律、行政法规的规定应当设置但未设置账簿的;

(三)擅自销毁账簿或者拒不提供纳税资料的;

(四)虽设置账簿,但账目混乱或者成本资料、收入凭证、费用凭证残缺不全,难以查账的;

(五)发生纳税义务,未按照规定的期限办理纳税申报,经税务机关责令限期申报,逾期仍不申报的;

(六)纳税人申报的计税依据明显偏低,又无正当理由的。

第63招 业务分离
公司变得多又多，成本变得少又少

小李开办了一家小型电动车专卖店（个人独资企业），主要经营销售电动车和修理两项业务。2019年实现纯收入70万元。在进行纳税申报时，税务专管员要求小李上交个人所得税十几万元，小李觉得太高了，一年辛苦赚点钱，交税这么多，心里很不爽，认为专管员不地道。小李有个朋友是金财宝宝的同学，于是通过朋友找到财税专家金财宝宝，咨询相关税法知识，并问是否有财税筹划的好办法。

金财宝宝通过小李的介绍，得知相关情况如下：该专卖店2019年实现纯收入70万元，其中电动车销售纯收入40万元，修理收入30万元，增值税已按规定在向客户开票时缴纳，未向税务机关申请核定征收，进货成本及销售成本均能提供合理发票。金财宝宝建议小李设立两个个体工商户或合伙企业。

【分析】

此案例系采用原《中华人民

共和国个人所得税法》对个人独资企业的相关五级超额累进税率规定进行财税筹划计算。2018年8月31日新颁布的《中华人民共和国个人所得税法》将原"个体工商户的生产、经营所得、对企事业单位的承包经营、承租经营所得"修改为"经营所得",经营所得个税仍实行五级税率,税率没有变化,但较之前整体上都扩大了级距,2019年1月1日以后针对个人独资企业仍可采用上述原理进行类似税务筹划措施。

因该专卖店为个人独资企业,且其营业额较小,未超过小规模纳税人标准,其增值税不存在筹划空间。但其业务性质分销售与修理两块,可以通过利用个人所得税中个体工商户五级超额累进税率的差距进行税务筹划。

金财宝宝有两个建议,第一个建议是设立两个个体工商户;第二个建议是设立合伙企业。

【对比】

筹划前,应缴个税=700,000×35%-65,500=179,500(元)。

方案一:成立两个个体工商户(假设个体工商户的业主在其他地方有综合所得)

应缴个税=400,000×30%-40,500+300,000×20%-10,500=129,000(元)。

方案二:成立合伙企业,假设有3个股东,并在协议中约定,对于企业产生的利润,按1:1:1进行分红

应交个税=700,000÷3×20%×3=140,000(元)。

【结果】

筹划后,节省成本达50,500元。

政策依据

《中华人民共和国个人所得税法实施条例》(国令第707号)第六条第(五)项规定：个人所得税法规定的各项个人所得的范围：经营所得，是指：

1.个体工商户从事生产、经营活动取得的所得，个人独资企业投资人、合伙企业的个人合伙人来源于境内注册的个人独资企业、合伙企业生产、经营的所得；

2.个人依法从事办学、医疗、咨询以及其他有偿服务活动取得的所得；

3.个人对企业、事业单位承包经营、承租经营以及转包、转租取得的所得；

4.个人从事其他生产、经营活动取得的所得。

《中华人民共和国个人所得税法》第三条规定：经营所得，适用百分之五至百分之三十五的超额累进税率（税率表附后）。

个人所得税税率表二
（经营所得适用）

级数	全年应纳税所得额	税率（%）
1	不超过30000元的	5
2	超过30000元至90000元的部分	10
3	超过90000元至300000元的部分	20
4	超过300000元至500000元的部分	30
5	超过500000元的部分	35

（注：本表所称全年应纳税所得额是指依照本法第六条的规定，以每一纳税年度的收入总额减除成本、费用以及损失后的余额）

第64招 改变时间
非居民卡住183天，节省成本变简单

杰克是美国公民，也是一位餐饮管理专家，其所在公司总部在美国，因看好中国市场，在中国境内单独设立了一家餐饮公司。为了进一步扩大中国市场份额，总部决定加大在中国的投资力度，为确保产品质量，经总部董事会研究决定，从2019年开始每个月杰克必须安排时间对中国公司进行现场指导及监督，在中国餐饮公司任职时间暂定为一年半，即杰克本来计划是2019年1月1日来中国并于2020年6月30日回美国，并且从2019年1月开始每月在中国居住不得少于15天时间。

在来中国之前，经朋友介绍，杰克就在中国缴纳个人所得税相关问题专门咨询财税专家亮小一。杰克的收入主要包括两项：美国总部支付的薪酬为每月40,000元，中国餐饮公司支付薪酬为每月20,000元。

结合杰克的实际情况，为了避免成为中国的居民纳

税人，亮小一建议杰克对其行程做一个调整，即从 2019 年 2 月 1 日开始，于 2020 年 7 月 31 日回国，每个月依旧住上半个月。这样，2019 年、2020 年均没有达到居住 183 天，因此并不构成我国的居民纳税人。也就是说，杰克可以只就来源于中国的所得纳税，从而避免了无限纳税义务。假设不考虑三险一金及专项附加扣除。

【分析】

新《个人所得税法》第一条规定：在中国境内有住所，或者无住所而一个纳税年度内在中国境内居住累计满一百八十三天的个人，为居民个人。居民个人从中国境内和境外取得的所得，依照本法规定缴纳个人所得税。在中国境内无住所又不居住，或者无住所而一个纳税年度内在中国境内居住累计不满一百八十三天的个人，为非居民个人。非居民个人从中国境内取得的所得，依照本法规定缴纳个人所得税。纳税年度，自公历一月一日起至十二月三十一日止。

经常进出国内外的非居民纳税人，在国内无住所，可以将居住在中国的时间控制在 183 天以内，根据居民纳税人判断标准合理安排居住时间避免成为居民纳税人，从而避免无限纳税义务。

【对比】

筹划前，2019 年居民纳税人方式缴个人所得税＝[（40,000+20,000）×12-60,000]×30%-52,920=145,080（元）。

筹划后，2019 年非居民纳税人方式缴个人所得税＝[（20,000-5000）×20%-1,410]×12=19,080（元）。

注：不考虑税收协定等因素。

【结果】

　　筹划后，节省成本 126,000 元，筹划效率达到 87%。

政策依据

　　《中华人民共和国个人所得税法》第一条规定：在中国境内有住所，或者无住所而一个纳税年度内在中国境内居住累计满一百八十三天的个人，为居民个人。居民个人从中国境内和境外取得的所得，依照本法规定缴纳个人所得税。

　　在中国境内无住所又不居住，或者无住所而一个纳税年度内在中国境内居住累计不满一百八十三天的个人，为非居民个人。非居民个人从中国境内取得的所得，依照本法规定缴纳个人所得税。

　　纳税年度，自公历一月一日起至十二月三十一日止。

第65招 变更所得
年终奖分得少了，到手的钱却多了

陈一、王二、张三合伙开了一家兄弟工艺品制作公司，股份分别占60%、25%、15%，客户主要是欧洲代理商，以外贸为主。2019年受世界经济影响，工艺品外贸销售整体下滑，但因产品质量过硬，再加上原销售渠道稳定，兄弟公司的业绩稳中有升，2019年公司预计净利润将达到200万元。

事业稳定后，张三便打算和女友结婚，两人初步算了一下，结婚大概需要50万元，扣除自己以前的积蓄还缺口15万元。于是和陈一、王二商量，想把公司今年预计的利润100万元进行分配，张三可分15万元。三人商量后同意分配，但财务告知预计分配利润要扣除20%的个人所得税。张三一算，这样自己缺口3万元，感觉税负很重。他灵机一动想到了曾经在今日头条上听过的财税课程老师亮小一，随即拨通电话问询是否

有其他更好的分红方式。亮小一建议公司做好税前筹划，将收益分配形式变更为一次性年终奖方式。

【分析】

新个人所得税法规定，股息的税率为20%，如果采用年终一次性奖金的方式能将税负控制在20%以下，就存在筹划的空间。按分配的金额来看，张三分配的金额为15万元，月平均为12,500元，税负仍为20%。如果每月能降为12,000元，则税率降为10%，则存在很大的筹划空间，于是亮小一建议张三少分配6,000元，即采用一次性年终奖144,000元。

【对比】

筹划前，原方法缴个人所得税=144,000×20%=28,800（元）。

筹划后，新方法缴个人所得税=144,000×10%-210=14,190（元）。

【结果】

筹划后，节省成本14,610元（28,800-14,190），筹划效率达到50.7%。

政策依据

1.《中华人民共和国个人所得税法》第三条规定：个人所得税的税率：

①综合所得,适用百分之三至百分之四十五的超额累进税率;

②经营所得,适用百分之五至百分之三十五的超额累进税率;

③利息、股息、红利所得,财产租赁所得,财产转让所得和偶然所得,适用比例税率,税率为百分之二十。

2.《财政部 税务总局关于个人所得税法修改后有关优惠政策衔接问题的通知》(财税〔2018〕164号)第一条规定:

关于全年一次性奖金、中央企业负责人年度绩效薪金延期兑现收入和任期奖励的政策。

居民个人取得全年一次性奖金,符合《国家税务总局关于调整个人取得全年一次性奖金等计算征收个人所得税方法问题的通知》(国税发〔2005〕9号)规定的,在2021年12月31日前,不并入当年综合所得,以全年一次性奖金收入除以12个月得到的数额,按照本通知所附按月换算后的综合所得税率表(以下简称月度税率表),确定适用税率和速算扣除数,单独计算纳税。计算公式为:

应纳税额=全年一次性奖金收入×适用税率−速算扣除数。

居民个人取得全年一次性奖金,也可以选择并入当年综合所得计算纳税。

自2022年1月1日起,居民个人取得全年一次性奖金,应并入当年综合所得计算缴纳个人所得税。

第66招　费用转移
费用承担主体变为公司，个税筹划变容易

亮小一有两个孩子，在孩子的成长过程中结识了教育学专家章明并成为好友。最近章老师创作了一本关于儿童早期教育的专业书籍。初步完成后，他所在的出版社便派他到全国各地进行调研，收集不同阶段的儿童教育现状素材。调研中他发现家长们普遍对儿童早期教育非常重视，且市场上类似的作品很少，因此预计这本书的销路会非常好。

光明出版社愿购买版权并提出协议：全部稿费为32万元，调研费用7万元和涉及的个人所得税由章明自己承担。章明为此特意向好友亮小一请教，这种结算方式是否合理，是否有更好的合作方式？亮小一建议由出版社支付调研费用和稿酬。

【分析】

按现行税法规定，稿酬所得是按收入总额扣除规定标准费用后计入综合所得计算个人

所得税，因此，在收益不变的前提下，可考虑将收入基数降低，将稿酬相关费用转移至出版社。为此，亮小一提出如下建议：由出版社负担调研的相关费用，另支付其稿酬25万元。假设不考虑其他收入，也不考虑三险一金及专项附加扣除项目。

【对比】

筹划前，应缴个人所得税=32×（1-20%）×（1-30%）×20%-1.692=1.892（万元）。

筹划后，应缴个人所得税=25×（1-20%）×（1-30%）×10%-0.252=1.148（万元）。

【结果】

筹划后由出版社支付调研费用和稿酬，为章老师节省成本7,440元，筹划效率达39%。

政策依据

1.《中华人民共和国个人所得税法》第二条规定：下列各项个人所得，应当缴纳个人所得税：

（一）工资、薪金所得；

（二）劳务报酬所得；

（三）稿酬所得；

（四）特许权使用费所得；

（五）经营所得；

（六）利息、股息、红利所得；

（七）财产租赁所得；

（八）财产转让所得；

（九）偶然所得。

居民个人取得前款第一项至第四项所得（以下称综合所得），按纳税年度合并计算个人所得税；非居民个人取得前款第一项至第四项所得，按月或者按次分项计算个人所得税。纳税人取得前款第五项至第九项所得，依照本法规定分别计算个人所得税。

2.《中华人民共和国个人所得税法》第六条规定：劳务报酬所得、稿酬所得、特许权使用费所得以收入减除百分之二十的费用后的余额为收入额。稿酬所得的收入额减按百分之七十计算。

第67招　巧立公司
注册一人有限公司，小微帮你来筹划

张老师是一位职业房地产培训师，并成立了个人工作室，主要业务是房地产管理、营销、规划等方面的业务知识培训。从业多年积累了大量培训经验，在业内小有名气，深得客户的认可，在全国主要大城市定期进行培训，每年的收入也不错。随着收入的增长，其税负也跟着增长，张老师一直想找个办法节省成本，但苦于对财税知识的缺乏，一直没有想出一个很好的方案。在北京的一次培训班上，张老师认识了前来学习房地产知识的财税专家亮小一，在课外闲聊期间，张老师将自己的情况告诉了亮小一，并咨询他是否有可行的筹划方案，亮小一深思熟虑后，告诉张老师是有办法的。

亮小一了解到，张老师预计2019年共取得培训劳务收入120万元（假设每月均为10万元），为开展上述业务预计发生费用50万元（该

部分费用由张老师个人承担），没有附加扣除费用。

【分析】

张老师从事的培训行业，按新的个人所得税法规定，应按劳务报酬并入综合所得计算缴纳个人所得税。同时，因其为小规模纳税人，还应按3%的征收率缴纳增值税。财政部、税务总局于2019年1月17日针对小微企业出台优惠政策，政策规定，自2019年1月1日至2021年12月31日，小微企业可享受优惠政策。

结合该项优惠政策，亮小一建议注册一个个人有限公司，因其达到小微企业标准，可设计财税筹划措施。

【对比】

筹划前，缴纳相关税费如下：

增值税=120÷（1+3%）×3%=3.5（万元）；

城市维护建设税=3.5×5%=0.175（万元）（税率不同地域有差异）；

教育费附加=3.5×5%=0.175（万元）(含地方教育费附加)；

全年综合所得=（120-3.5）×（1-20%）-6=87.2（万元）；

个人所得税=87.2×35%-8.592=21.93（万元）；

累计缴纳税金=3.5+0.175+0.175+21.93=25.78（万元）；

税后收益=120-50-25.78=44.22（万元）。

筹划后，缴纳税费如下：

设立一家个人有限公司，由培训公司对外开展以上业务，相关税费如下：

增值税、城市维护建设税、教育费附加均为0；

企业所得税=（120-50）×25%×20%=3.5（万元）；

企业利润=120-50-3.5=66.5（万元）；

股息红利个人所得税=66.5×20%=13.3（万元）；

累计缴纳税金=3.5+13.3=16.8（万元）；

税后收益=120-50-16.8=53.2（万元）。

【结果】

利用注册公司助力个人所得税筹划已经是非常成熟的合理方法，通过筹划可以节省成本8.98万元（25.78-16.80）。

政策依据

1.《关于实施小微企业普惠性税收减免政策的通知》（财税〔2019〕13号）第一条规定：对月销售额10万元以下（含本数）的增值税小规模纳税人，免征增值税。

2.《关于实施小微企业普惠性税收减免政策的通知》（财税〔2019〕13号）第二条规定：对小型微利企业年应纳税所得额不超过100万元的部分，减按25%计入应纳税所得额，按20%的税率缴纳企业所得税；对年应纳税所得额超过100万元但不超过300万元的部分，减按50%计入应纳税所得额，按20%的税率缴纳企业所得税。

上述小型微利企业是指从事国家非限制和禁止行业，且同时符合年度应纳税所得额不超过300万元、从业人数不超过300人、资产总额不超过5,000万元等三个条件的企业。

第68招　合理制薪
拆分高薪，节约成本

李俊是旺旺律师事务所一位资深律师（非合伙人），在业内知名度很高，找他打官司的客户很多，为了留住李俊，该事务所开出很具吸引力的薪酬，在业内属于较高水平，2019年度预计每月支付薪酬12万元，全年收入为144万元，同时事务所负责支出律师的办案费用，但高薪也意味着较高个人所得税税负。

李俊的律师事务所是亮小一多年的合作伙伴，两人一直比较投缘，李俊就以上的个税问题特向好友亮小一咨询，亮小一建议可以合理运用薪酬分配制度。

【分析】

律师行业的薪酬普遍较高，新个人所得税法的出台，意味着征税对象重点是高收入人群，律师行业的税收规定既有共性一面，也有个性一面。可考虑将高收入切块、

分解，合理运用薪酬分配制度。

【对比】

筹划前，需缴纳个人所得税为（假设不考虑三险一金、六项附加项目）：

2019年应纳个人所得税＝（144-6）×45%-18.192＝43.908（万元）。

筹划后，该事务所与李俊律师约定，按规定的比例对收入进行分成，同时律师事务所不负担律师办理案件支出的费用。缴纳的个人所得税为（假设不考虑三险一金、六项附加项目）：

亮小一提出如下薪酬安排，固定工资每月0.5万元，提成收入每月8万元，年终奖42万元。

固定工资与提成收入应缴个人所得税＝{[0.5+8×（1-35%）]×12-6}×30%-8.592＝13.428（万元）。

年终奖应缴个人所得税＝42×25%-0.266＝10.234（万元）。

全年需交纳个人所得税＝14.928+10.234＝23.662（万元）。

【结果】

经过上述筹划可节省成本20.246万元（43.908-23.662），筹划效率为46.11%。

政策依据

1.《财政部 税务总局关于个人所得税法修改后有关优惠政策衔接问题的通知》（财税〔2018〕164号）规定：居民个人

取得全年一次性奖金，符合《国家税务总局关于调整个人取得全年一次性奖金等计算征收个人所得税方法问题的通知》(国税发〔2005〕9号)规定的，在2021年12月31日前，不并入当年综合所得，以全年一次性奖金收入除以12个月得到的数额，按照本通知所附按月换算后的综合所得税率表(以下简称月度税率表)，确定适用税率和速算扣除数，单独计算纳税。计算公式为：

应纳税额=全年一次性奖金收入×适用税率–速算扣除数

居民个人取得全年一次性奖金，也可以选择并入当年综合所得计算纳税。

自2022年1月1日起，居民个人取得全年一次性奖金，应并入当年综合所得计算缴纳个人所得税。

2.《国家税务总局关于律师事务所从业人员取得收入征收个人所得税有关业务问题的通知》(国税发〔2000〕149号)和《国家税务总局关于强化律师事务所等中介机构投资者个人所得税查账征收的通知》(国税发〔2002〕123号)规定：对提成律师个税计征因律师事务所是否负担其办案经费的不同，一种情况是事务所不负担律师办案经费(如交通费、资料费、通讯费及聘请人员等费用)，则以分成收入扣除办案支出，余额按"工资、薪金所得"项目计征个税。律师从其分成收入中扣除办理案件支出费用的标准，由各省级地税局确定，一般为律师当月分成收入的30%；另一情况是，律师事务所负担律师办案经费或者提成律师的其他个人费用在所内报销，在这种情况下，计算个税时不再扣除30%的办案经费，也就是说直接以分成收入计征个人所得税。扣除办案费用，可相应减少收入基数，从而减轻相应税负。

3.根据《国家税务总局关于律师事务所从业人员有关个人所得税问题的公告》（国家税务总局公告2012年第53号）文件的规定："《国家税务总局关于律师事务所从业人员取得收入征收个人所得税有关业务问题的通知》（国税发〔2000〕149号）第五条第二款规定的作为律师事务所雇员的律师从其分成收入中扣除办理案件支出费用的标准，由现行在律师当月分成收入的30%比例内确定，调整为35%比例内确定。

实行上述收入分成办法的律师办案费用不得在律师事务所重复列支。前款规定自2013年1月1日至2015年12月31日执行。"

第69招　均摊拆分
变身合伙企业，节约近一半成本

北京顺义的康师傅自小跟随父亲学习酱油制作技术，因其独特的制作技术，产品质量明显好于市场其他同类产品，成了当地一大特色农产品。随着业绩越来越好，康师傅于2018年注册了个体工商户，除了零星的销售外，还向各超市批量配送。预计2019年销售额为340万元，预计成本费用合计为250万元。在办理税务登记时税务局工作人员告之康师傅要及时申报缴税，康师傅心里有点慌，怎么申报？缴多少税？心里直犯嘀咕。后来经朋友介绍找到财税专家亮小一，专门咨询相关申报纳税事项，并请亮小一拿出一个最好的财税筹划办法。假设税务局对康师傅的个体工商户实行查账征收管理。

【分析】

康师傅以其个人注册个体工商户申报纳税，个体工商户实行五级超额累计税率计算征缴个人所得税，所得额越高，税负越重，预计2019年利润达到新个人所得税五级中最高税率，税负较重。可从降低税基，降低级距，从而降低税率的思路进行税务筹划。合伙企业缴税遵从"先分后税"的规定，并按协议或平均人数计算征税。所以，降低税基可考虑采用合伙企业，增加合伙人数。

《中华人民共和国合伙企业法》第十四条规定，设立合伙企业，应当具备下列条件：（一）是有二个以上合伙人。合伙人为自然人的，应当具有完全民事行为能力。（二）是有书面合伙协议。（三）是有合伙人认缴或者实际缴付的出资。（四）是有合伙企业的名称和生产经营场所。（五）是法律、行政法规规定的其他条件。

结合康师傅企业的实情，亮小一建议康师傅变更企业性质，将个体工商户变更为合伙企业，合伙人为康师傅、康师傅妻子、康一（大儿子）、康二（小儿子）、康花（女儿）五人。

【对比】

筹划前，采用个体工商户形式缴纳个人所得税=（340-250）×35%-6.55=24.95（万元）。

筹划后，采用合伙企业形式应缴纳个人所得税（按平均人数计算）=[（340-250）÷5×20%-1.05]×5=12.75（万元）。

【结果】

经过上述筹划可节省成本12.2万元（24.95-12.75），筹划效率为49%。

政策依据

1.《关于合伙企业合伙人所得税问题的通知》（财税〔2008〕159号）第四条规定：合伙企业的合伙人按照下列原则确定应纳税所得额：

（一）合伙企业的合伙人以合伙企业的生产经营所得和其他所得，按照合伙协议约定的分配比例确定应纳税所得额。

（二）合伙协议未约定或者约定不明确的，以全部生产经营所得和其他所得，按照合伙人协商决定的分配比例确定应纳税所得额。

（三）协商不成的，以全部生产经营所得和其他所得，按照合伙人实缴出资比例确定应纳税所得额。

（四）无法确定出资比例的，以全部生产经营所得和其他所得，按照合伙人数量平均计算每个合伙人的应纳税所得额。

2.《中华人民共和国个人所得税法》第三条规定：经营所得，适用百分之五至百分之三十五的超额累进税率。

个人所得税税率表二

（经营所得适用）

级数	全年应纳税所得额	税率（%）
1	不超过30000元的	5
2	超过30000元至90000元的部分	10
3	超过90000元至300000元的部分	20
4	超过300000元至500000元的部分	30
5	超过500000元的部分	35

注：本表所称全年应纳税所得额是指依照本法第六条的规定，以每一纳税年度的收入总额减除成本、费用以及损失后的余额。

第70招 利用折扣
劳动合同变劳务合同，筹划空间大又大

阿旺是个出身穷苦、从小失去父母的孩子。也许是穷人的孩子早当家，阿旺非常争气，通过自己的努力考入南大软件编辑专业。从南大毕业后阿旺进了一家大型软件A公司当软件工程师，公司每月发放工资20,000元，相比其他同学，阿旺的薪酬算是相当不错。因从小知道生活的不易，阿旺从不乱花钱，平时省吃俭用，也想多积蓄点钱以备成家所需。但令阿旺闹心的是，名义上每月工资在20,000元，但公司每月需要扣除20%左右的个人所得税。

为此，阿旺拨通了财税专家亮小一的电话。听完阿旺的苦恼后，亮小一笑了，并告诉阿旺有办法，可以使筹划效率达到50%左右（假设不考虑增值税及附加、三险一金及专项附加扣除项目），但需要所在公司配合。这让阿旺觉得非常不可思议！

【分析】

2019年1月1日开始实行的新个税将工资薪金、劳务费、稿费及特许权使用费统称为居民个人的综合所得,同时规定了劳务报酬所得、稿酬所得、特许权使用费所得以收入减除百分之二十费用后的余额为收入额,稿酬所得的收入额减按百分之七十计算。这意味着在计算应纳个人所得税时,劳务费、特许权使用费是打了八折的,而稿费更是打了五六折,但工资奖金无法折扣。

这项政策也为个税带来了筹划的空间,阿旺原先与企业签订的是劳动合同,企业按月发放薪酬,须按工资薪金算法计税;但如果阿旺选择与企业签订劳务合同,劳务费按次发放,则适用劳务费计税方式。为此,亮小一建议阿旺与公司签订劳务合同,每季发放一次。

【对比】

筹划前,原工资形式应缴个人所得税=(20,000×12-60,000)×20%-16,920=19,080(元)。

筹划后,应缴个人所得税=[20,000×12×(1-20%)-60,000]×10%-2,520=10,680(元)。

【结果】

经过筹划,节省成本8,400元,筹划效率达44%。

政策依据

《中华人民共和国个人所得税法》第六条规定：应纳税所得额的计算：

居民个人的综合所得，以每一纳税年度的收入额减除费用六万元以及专项扣除、专项附加扣除和依法确定的其他扣除后的余额，为应纳税所得额。

劳务报酬所得、稿酬所得、特许权使用费所得以收入减除百分之二十的费用后的余额为收入额。稿酬所得的收入额减按百分之七十计算。

第71招 分年收取
出售变出租,筹划效率高达60%

张扬从事电子制造行业多年,2018年12月1日创新了一项电子技术并申请了专利。相比同行类似产品,该技术不仅实用性强,可防止电路损坏,而且解决了现有电子产品普遍存在的信息卡和数字移动电话机接触不良的问题。因此,许多电子产品生产商想买断这项专利。

2019年1月,经过对比张扬选择出价最高的金开公司,初步出售价为120万元,但金开公司财务告诉张扬,按照新个人所得税规定,专利收入要缴纳最高45%的所得税。张扬一听,心里凉了半截,自己辛苦这么多年的成果,却要缴纳这么多税,心里很是不甘。于是问了老会计陈放,是否有这个情况,陈放说新个税的规定是要缴这么高的个税。但老陈告诉张扬,建议他向财税专家金财宝宝咨询一下,专家可能有好的筹划方法。张扬很快联系上了金财宝宝,并把情况向金财宝宝

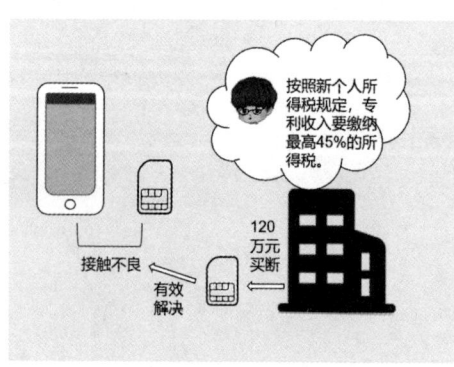

说明请他帮忙，毕竟自己的收获也来之不易。

金财宝宝听完后，微笑着告诉张扬不要着急，肯定有办法解决，并问张扬专利发明的过程中，费用有多少且是否保留相关票据凭证资料，专利的使用期有多长。张扬告诉金财宝宝，专利主要是智力成果，实际成本很少且他也没有保留凭证资料，专利的使用期有 4 年。（假设不考虑三险一金及专项附加扣除项目）还有两种方法，一种是成立一个个人独资企业，另一种则是成立个体工商户。

【分析】

专利权转让费用原来适用特许权使用费所得 20% 的税率，新个人所得税的规定列入综合所得适用最高 45% 的税率。可以采用两种方式进行税务筹划，一是可以收取专利权使用费取代卖断专利，将专利的价值分散到多个年度，降低每年的综合所得。二是可以成立公司或工作室，将专利发明过程中产生的费用成本进行税前扣除。鉴于张扬所发明的专利实际成本很少且没有保留凭证资料，金财宝宝建议采用第一种方式，分年度分散收入，将出售方式变为出租方式，每年收取 30 万元。

【对比】

筹划前，应缴个人所得税 =（120×80%-6）×35%-8.592=22.908（万元）。

筹划后，

方案一：采用分四年取得收入

则应缴个人所得税 =[（30×80%-6）20%-1.692]×4=7.632（万元）。

方案二：成立个人独资企业（假设核定征收率为5%）

则应缴个人所得税=120×5%=6（万元）。

方案三：成立一人有限公司，先把钱打到公司，然后再通过每年发放36万元工资的形式，将钱打到个人手中（忽略货币的时间价值）

则第一年应交个人所得税=（36-6）×20%-1.692=4.308（万元）

第二年应交个人所得税=（36-6）×20%-1.692=4.308（万元）

第三年应交个人所得税=（36-6）×20%-1.692=4.308（万元）

第四年应交个人所得税=（12-6）×10%-0.252=0.348（万元）

合计应交个人所得税=4.308×3+0.348=13.272（万元）

【结果】

筹划后，方案二最节约成本，节省金额为16.908万元（22.908-6），筹划效率达73.81%。

政策依据

1.《中华人民共和国个人所得税法》第二条规定：

下列各项个人所得，应当缴纳个人所得税：

（一）工资、薪金所得；

（二）劳务报酬所得；

（三）稿酬所得；

（四）特许权使用费所得；

（五）经营所得；

（六）利息、股息、红利所得；

（七）财产租赁所得；

（八）财产转让所得；

（九）偶然所得。

居民个人取得前款第一项至第四项所得（以下称综合所得），按纳税年度合并计算个人所得税；非居民个人取得前款第一项至第四项所得，按月或者按次分项计算个人所得税。纳税人取得前款第五项至第九项所得，依照本法规定分别计算个人所得税。

2.《中华人民共和国个人所得税法》第六条规定：应纳税所得额的计算：

居民个人的综合所得，以每一纳税年度的收入额减除费用六万元以及专项扣除、专项附加扣除和依法确定的其他扣除后的余额，为应纳税所得额。

劳务报酬所得、稿酬所得、特许权使用费所得以收入减除百分之二十的费用后的余额为收入额。稿酬所得的收入额减按百分之七十计算。

3.根据《财政部国家税务总局关于全面推开营业税改征增值税试点的通知》（财税〔2016〕36号）附件3《营业税改征增值税试点过渡政策的规定》规定："一、下列项目免征增值税……（二十六）纳税人提供技术转让、技术开发和与之相关的技术咨询、技术服务。"

4.根据《中华人民共和国企业所得税法实施条例》（中华人民共和国国务院令第512号）第九十条规定："企业所得税

法第二十七条第(四)项所称符合条件的技术转让所得免征、减征企业所得税,是指一个纳税年度内,居民企业技术转让所得不超过500万元的部分,免征企业所得税;超过500万元的部分,减半征收企业所得税。"

第72招　两利相权取其重
单一核算 or 整体核算，到底用哪个

亮小一到家时，已经是晚上七点了。正用钥匙开门，发现老家的亲戚李月山在家等候多时。亮小一和李月山寒暄几句后，李总说明来意，称自己公司的财税问题一直没有得到有效解决，便借赴京之机前来请教。李总简要地说明了公司的基本情况，并介绍到他与其他合伙人共同出资设立了维诚合伙制创投企业，合伙协议约定李月山的收益分配比例为30%。

合伙期间，合伙企业发生如下业务：6月1日，取得转让甲公司的股权收入3,000万元，该股权成本为1,800万元，转让发生审计、评估费及印花税等费用共计40万元；9月1日，取得转让乙公司的股权收入400万元，该股权成本为2,000万元，转让发生审计、评估费及印花税等费用共计6万元；12月31日，合伙创投支付基金管理人管理费28万元，支付基金管理人业绩报酬9万元，支付员工工资19万元。对于如何纳税，请亮小一帮忙筹划，亮小一建议两利相权取其重。

【分析】

2018年9月6日，国务院总理李克强主持召开国务院

常务会议。会议决定，为促进创业创新，保持地方已实施的创投基金税收支持政策稳定，由有关部门结合修订个人所得税法实施条例，按照不溯及既往、确保总体税负不增的原则，抓紧完善进一步支持创投基金发展的税收政策。纠正了之前各地的执行标准不同的问题，化解了企业涉税风险。

在新的政策环境下，创投企业选择不同的核算方式，产生的效果是不一样的。相对于单一基金核算方式，整体核算方式产生的亏损可以结转下年。如何选择核算方式，应本着两利相权取其重的原则，全面、合理地确定核算方式。

【对比】

筹划前，选择单一基金核算。
具体计算：
甲公司股权转让所得=3,000-1,800-40=1,160（万元）。
乙公司股权转让所得=400-2,000-6=-1,606（万元）。
维诚合伙企业合计亏损=1,606-1,160=446（万元），亏损不能结转下年。
李月山应承担的亏损=-446×30%=-133.8（万元），由于李总股权转让为亏损，因此，不缴纳个税。

筹划后，选择整体核算。
具体计算：
维诚合伙企业经营所得=(3,000+400)-(1,800+2,000)-(40+6+28+9+19)=-502（万元）。

维诚合伙企业合计亏损金额为502万元，亏损可以结转下年。

李月山应分摊的亏损=502×30%=150.6（万元），因此，李月山不缴纳个税。

【结果】

本案例中,由于发生亏损,两种核算方式李月山都不需要缴纳个税。但是,选择整体核算所发生的亏损502万元可以结转下年,可以在下年的利润中税前抵扣,达到财税筹划目的。

如何选择核算方式,不能简单认为整体核算一定优于单一基金核算方式,或单一基金核算优于整体核算方式,应本着两利相权取其重的原则,全面、合理确定核算方式。

政策依据

《财政部 税务总局 发展改革委 证监会关于创业投资企业个人合伙人所得税政策问题的通知》(财税〔2019〕8号)第二条规定:创投企业选择按单一投资基金核算的,其个人合伙人从该基金应分得的股权转让所得和股息红利所得,按照20%税率计算缴纳个人所得税。

创投企业选择按年度所得整体核算的,其个人合伙人应从创投企业取得的所得,按照"经营所得"项目、5%~35%的超额累进税率计算缴纳个人所得税。

第73招　公车私用

私车过户到公司，实现一箭三雕的办法

金秋时节，黄老板开车载着亮小一去打高尔夫，路上黄老板和亮小一聊了一下财税筹划的问题。

亮小一：这车是您的，还是公司的？

黄老板：在我个人名下。

亮小一：那这车各项费用都拿到公司报销吗？

黄老板：那当然，我是大股东。

亮小一：哦。你知道你可能存在税务风险吗？

黄老板：啊！没那么严重吧？

亮小一：首先，您个人车子的费用在公司报销，不太合适！您和公司是两个不同的纳税主体，私车公用的费用到公司报销名不正言不顺，所得税汇算清缴时应做纳税调整，否则存在偷逃企业所得税的风险；其次，你每个月报销的与车相关的费用，要与当月发放的工资，合并

您和公司是两个不同的纳税主体，私车公用的费用到公司报销名不正言不顺，所得税汇算清缴时应做纳税调整，否则企业将存在税务风险。

缴纳个人所得税，否则又偷逃了个人所得税。不经意就给公司埋下了隐患。

黄老板随即提出将车辆免费出租给公司使用。亮小一回答免费也存在风险。黄老板诚恳求教，亮小一建议将车辆卖给公司并办理过户。

亮小一：卖了，将车过户给公司。

黄老板：卖给公司有什么好处呢？

【分析】

第一，车子过户到公司名下，与车相关的所有费用都能名正言顺地拿到公司报销，抵扣企业所得税。第二，车子成了公司的固定资产，每年还能提折旧，可以节省企业成本。第三，私车公用的情况下，公司支付给您报销车子的各项费用，属于股东分红，需要缴纳个人所得税。如果将车子过户，就可以通过卖车和报销提前将股东分红拿到手。一箭三雕，风险没了，还能减少企业成本。

【对比】

假定车辆购置费用50万元，每年车辆使用相关费用20万元。

筹划前，以个人名义购买车辆，车辆购置费用及使用费计入股东分红，黄老板第一年另缴纳个人所得税14万元，以后每年另缴纳个人所得税4万元。

具体计算：车辆购置资金分红应缴纳个人所得税=50×20%=10（万元）。

每年车辆使用费分红应缴纳个人所得税=20×20%=4（万元）。

筹划后，车辆过户给公司，股东未分红，不缴纳个人所得税；车辆折旧抵扣企业所得税12.5万元。

具体计算：

车辆折旧抵扣企业所得税=50×25%=12.5（万元）。

【结果】

黄老板将车辆过户给公司后，他不仅不用缴纳个人所得税，公司还可以减少成本12.5万元。

政策依据

1.《中华人民共和国企业所得税法》第八条规定：企业实际发生的与取得收入有关的、合理的支出，包括成本、费用、税金、损失和其他支出，准予在计算应纳税所得额时扣除。

2.《中华人民共和国企业所得税法》第十一条规定：在计算应纳税所得额时，企业按照规定计算的固定资产折旧，准予扣除。下列固定资产不得计算折旧扣除：

（一）房屋、建筑物以外未投入使用的固定资产；

（二）以经营租赁方式租入的固定资产；

（三）以融资租赁方式租出的固定资产；

（四）已足额提取折旧仍继续使用的固定资产；

（五）与经营活动无关的固定资产；

（六）单独估价作为固定资产入账的土地；

（七）其他不得计算折旧扣除的固定资产。

3.《中华人民共和国个人所得税法》第三条规定：个人所得税的税率：

（一）综合所得，适用百分之三至百分之四十五的超额累进税率；

（二）经营所得，适用百分之五至百分之三十五的超额累进税率；

（三）利息、股息、红利所得，财产租赁所得，财产转让所得和偶然所得，适用比例税率，税率为百分之二十。

| 第四篇 |
CAIWUDELILIANG

土地增值税的税筹规划案例

第74招 提高扣除
增加扣除，免征土增税

春节将至，亮小一回了趟老家看望父母。从北京回老家的路程非常顺畅，但进入县城后，由于家住老城区，车子堵得水泄不通。短短4公里的路程走了近一个小时，亮小一摇了摇头，看样子得给父母换套新城区的房子。

第二天，亮小一就来到了城北新区的奕腾置业，刚进营销部的门就碰到了高中同学张亮，张亮得知他要买新房子，连忙告诉亮小一自己在这任营销经理。在短暂交谈后，张亮说可以给老同学购房优惠，同时也请亮小一帮个小忙：所在公司最近盘下了一栋普通标准住宅，经核算，税法规定的扣除项目金额为5,000万元，该公司原定不含增值税销售价格为6,500万元，请亮小一为其做出纳税筹划方案。

税法规定的扣除项目金额为5,000万元，该公司原定不含增值税销售价格为6,500万元。

【分析】

纳税人建造普通标准住宅出售，在增值额大大超过扣除项目金额20%的情形下，单纯靠确定适宜的销售价格已经不足以将增值率控制在20%以内，或者通过大幅降低销售价格已经得不偿失。此时就可以考虑适当提高扣除项目金额，将增值率控在20%以内。

【对比】

筹划前，按6,500万元销售，不考虑其他因素，应纳土地增值税450万元。

具体计算：

增值额=6,500-5,000=1,500（万元）。

增值率=1,500÷5,000=30%。

应纳土地增值税1,500×30%=450（万元）。

筹划后，公司可以加大对小区公共配套设施投入，使得扣除项目金额提高至7,500万元，但增值额仍保持1,500万元，此时的增值率=1,500÷7,500=20%，可以免征土地增值税。

【结果】

在增值额不变的前提下，提高扣除项目金额可以大大降低增值率，从而享受免征土地增值税的优惠。

政策依据

1.《中华人民共和国土地增值税暂行条例》第七条规定，土地增值税实行四级超率累进税率：

增值额未超过扣除项目金额50%的部分，税率为30%；

增值额超过扣除项目金额50%、未超过扣除项目金额

100%的部分，税率为40%；

增值额超过扣除项目金额100%、未超过扣除项目金额200%的部分，税率为50%；

增值额超过扣除项目金额200%的部分，税率为60%。

2.《中华人民共和国土地增值税暂行条例》第八条规定，有下列情形之一的，免征土地增值税：

（一）纳税人建造普通标准住宅出售，增值额未超过扣除项目金额20%的；

（二）因国家建设需要依法征用、收回的房地产。

第75招 合理核算
分开核算与否，土增税完全不同

过完春节，亮小一就回到了北京。没过几天，亮小一的客户张军，来了一通电话说要登门拜访。这些年，张军在亮小一的筹划指导下在房地产行业赚得盆满钵满。业内的王总在得知张军有这样的高人指点，便死缠烂打非要认识亮小一。

两人风尘仆仆来到北京，找到亮小一，简短寒暄之后，王总介绍他的房地产公司出售商品房取得销售收入5,000万元，其中普通标准住宅销售额为3,000万元，豪华住宅的销售额为2,000万元，总扣除项目金额为3,400万元。其中普通标准住宅的扣除项目金额为2,400万元，豪华住宅的扣除项目金额为1,000万元。烦请亮小一帮助做税务策划，亮小一微笑着点点头，几句话下来，就让王总拍

手称妙，并欲高薪聘请亮小一做公司的财税顾问。

【分析】

企业可结合实际情况选择合理的核算方式，以达到财税筹划的目的。房地产开发企业如果既建造普通标准住宅，又做其他房地产开发，分开核算和不分开核算税负会有差异的。选择哪种方式核算，取决于两种住宅的销售额和可扣金额。

【对比】

筹划前，分开核算，应纳土地增值税530万元。

具体计算：①销售普通住宅：增值额=3,000-2,400=600（万元），增值率=600÷2400×100%=25%，适用30%的税率，应缴土地增值税税额=600×30%=180（万元）。

②销售豪华住宅：增值额=2,000-1,000=1,000（万元），增值率=1,000÷1,000×100%=100%。按规定适用40%的累进税率，应缴土地增值税税额=1,000×40%-1,000×5%=350（万元）。

共缴土地增值税：180+350=530（万元）。

筹划后，不分开核算，应纳土地增值税480万元。

具体计算：增值额=5,000-3,400=1,600（万元），增值率=1,600÷3,400×100%=47.06%，适用30%的税率，应缴土地增值税税额=1600×30%=480（万元）。

【结果】

通过比较可见，分开核算比不分开核算多支出50万元

（530-480）税款。主要是因为普通住宅的增值率为25%，超过了20%，无法享受免税优惠。所以，进一步筹划的关键是将普通住宅的增值率控制在20%以内。

政策依据

《财政部 国家税务总局关于土地增值税一些具体问题规定的通知》（财税字〔1995〕48号）第十三条规定：关于既建普通标准住宅又搞其他类型房地产开发的如何计税的问题，对纳税人既建普通标准住宅又搞其他房地产开发的，应分别核算增值额。不分别核算增值额或不能准确核算增值额的，其建造的普通标准住宅不能适用条例第八条（一）项的免税规定。

第76招　增加环节

销售环节增加得越多，成本节约得越多

随着陆续为老家几位房地产商成功完成土地增值税筹划咨询案以后，亮小一在江西老家的名气越来越大，业务量也越来越多。这不，老家一位开发商余总打来电话，请亮小一团队为他的公司提供整体财务咨询服务。为了提升亮小一团队的综合实力，亮小一决定借助外部的力量，找该领域最擅长的人来筹划。于是将此次筹划方案交由金财公司房地产咨询部处理。金财咨询团队拿到相关资料后，一个小时就给出了方案，为了稳妥起见，金财咨询团队还是在方案提交之前让亮小一选择。

余总公司以80万元从某企业购进一块土地。随着城市发展，土地逐渐升值，公司将土地以300万元的价格出售给某公司，其应缴各项税费如下：城市维护建设税适用税率为7%，教育费附加征收率为5%，当地规定

契税适用税率为4%（不考虑其他费用）。亮小一看了金财咨询团队的筹划案之后连连称赞。

【分析】

一般情况下，纳税环节越多，产生的总税负将越大。因此，减少销售环节是常见的财税筹划思路。但土地增值税正好相反，其纳税环节越多，总税负可能越小。纳税人在销售不动产或转让土地使用权时，若增加一个（或多个）中间环节，则可将一次高增值分解为两次（或多次）相对较低的增值，从而降低增值率和适用高税率的金额。

【对比】

筹划前，直接出售给某公司，各项税收合计104.616万元。

具体计算：

应缴纳转让无形资产增值税=(300-80)×5%=11（万元）。

应缴纳城市维护建设税、教育费附加=11×(7%+5%)=1.32（万元）。

土地增值率=(300-80-11-1.32)÷(80+11+1.32)×100%=225%，适用税率为60%，速算扣除系数为35%。

应缴纳土地增值税=(300-80-11-1.32)×60%-(80+11+1.32)×35%=92.296（万元）。

各项税收合计=11+1.32+92.296=104.616（万元）。

筹划后，增加销售环节，公司可先将土地以200万元销售给具有关联关系的A公司，再由后者以300万元销售给某公司，各项税收合计89.872万元。

具体计算：

公司应缴纳转让无形资产增值税=（200-80）×5%=6（万元）。

公司应缴纳城市维护建设税、教育费附加=6×(7%+5%)=0.72（万元）。

公司应缴纳土地增值税：

①扣除项目金额=80+6+0.72=86.72（万元）；

②增值率=（200-86.72）÷86.72×100%=131%，适用税率为50%，速算扣除系数为15%；

③土地增值税=（200-86.72）×50%-86.72×15%=43.632（万元）。

A公司应缴纳转让无形资产增值税=（300-200）×5%=5（万元）。

A公司应缴城市维护建设税、教育费附加=5×(7%+5%)=0.6（万元）。

A公司应缴纳契税=200×4%=8（万元）。

A公司应缴纳土地增值税：

①扣除项目金额=200+8+5+0.6=213.6（万元）；

②增值率=（300-213.6）÷213.6×100%=41%，适用税率为30%；

③土地增值税=（300-213.6）×30%=25.92（万元）。

各项税收合计=6+0.72+43.632+5+0.6+8+25.92=89.872（万元）。

【结果】

筹划前后，虽然增加了纳税环节，但是筹划后分段计算的土地增值税增值率和适用税率明显降低，使整体成本降低 14.744 万元，达到了筹划效果。

政策依据

《中华人民共和国土地增值税暂行条例实施细则》（财法字〔1995〕6号）第十条规定：条例第七条所列四级超率累进税率，每级"增值额未超过扣除项目金额"的比例，均包括本比例数。

计算土地增值税税额，可按增值额乘以适用的税率减去扣除项目金额乘以速算扣除系数的简便方法计算，具体公式如下：

（一）增值额未超过扣除项目金额50%

土地增值税税额＝增值额×30%

（二）增值额超过扣除项目金额50%，未超过100%的

土地增值税税额＝增值额×40%－扣除项目金额×5%

（三）增值额超过扣除项目金额100%，未超过200%

土地增值税税额＝增值额×50%－扣除项目金额×15%

（四）增值额超过扣除项目金额200%

土地增值税税额＝增值额×60%－扣除项目金额×35%

公式中的5%、15%、35%为速算扣除系数。

第77招 利息支付
不提供金融机构证明，轻松筹划30万元

周五，亮小一车牌限行。傍晚七点，亮小一才坐上了回家的地铁。这周对于他来说，工作相对轻松，一路上亮小一心情特别舒畅，坐在地铁上就下意识地瞅瞅车内的风景。

真是无巧不成书，一抬头，就看见旁边一位小姑娘正在看一本关于财务管理中税前成本扣除类的书籍。他不由得想到了前两天也有人向他咨询过类似的问题：某房地产企业开发一处房地产，为取得土地使用权支付1,000万元，为开发土地和新建房及配套设施花费1,200万元，财务费用中可以按转让房地产项目计算分摊的利息支出为80万元，不超过商业银行同类同期贷款利率。该房地产企业咨询利息费用是否应该纳入税前扣除项。亮小一在回复咨询时，建议不提供金融机构利息证明，将利息费用

纳入其他费用计算扣除。

【分析】

房地产企业贷款利息扣除的限额分为两种情况：一种是在商业银行同类同期贷款利率的限度内据实扣除；另一种是与其他费用一起按税法规定的房地产开发成本的10%以内扣除。这两种扣除方式为企业进行纳税筹划提供了空间，企业可以根据两种计算方法所扣除费用的不同而决定采用哪种方法。

【对比】

筹划前，提供金融机构利息证明，可纳入扣除费用为190万元。

具体计算：80+（1,000+1200）×5%=190（万元）。

筹划后，不提供金融机构利息证明，可纳入扣除费用为220万元。

具体计算：（1,000+1,200）×10%=220（万元）。

【结果】

企业判断是否提供金融机构证明，关键在于看所发生的能够扣除的利息支出占税法规定的开发成本的比例，如果超过5%，则提供证明比较有利；如果没有超过5%，则不提供证明比较有利。在上述情况下不提供金融机构证明是有利的选择，可以增加30万元的扣除费用，从而达到筹划目的。

政策依据

《中华人民共和国土地增值税暂行条例实施细则》（财法字〔1995〕6号）第七条第（三）项规定：财务费用中的利息支出，凡能够按转让房地产项目计算分摊并提供金融机构证明的，允许据实扣除，但最高不能超过按商业银行同类同期贷款利率计算的金额。其他房地产开发费用，按本条（一）、（二）项规定计算的金额之和的百分之五以内计算扣除。

凡不能按转让房地产项目计算分摊利息支出或不能提供金融机构证明的，房地产开发费用按本条（一）、（二）项规定计算的金额之和的百分之十以内计算扣除。

上述计算扣除的具体比例，由各省、自治区、直辖市人民政府规定。

第78招 代收费用
单独核算or并入房价,哪个对企业更有利

经过多次对土地增值税筹划实操,亮小一发现土地增值税节省资金的核心之一就是20%的增值率,经筹划无望达到此项指标时,则要经过数据测算和论证后才能给客户做出最佳方案。

一天,签约客户刘总给亮小一发来一个问题:其房地产开发公司开发一套房地产项目,取得土地使用权支付费用300万元,房地产开发成本为800万元,允许扣除的房地产开发费用为100万元,转让房地产税费为140万元,房地产出售价格为2,500万元,为当地县级人民政府代收各种费用100万元。

所以咨询该业务是单独收取该项费用,还是并入房价收取该费用对企业更有利。

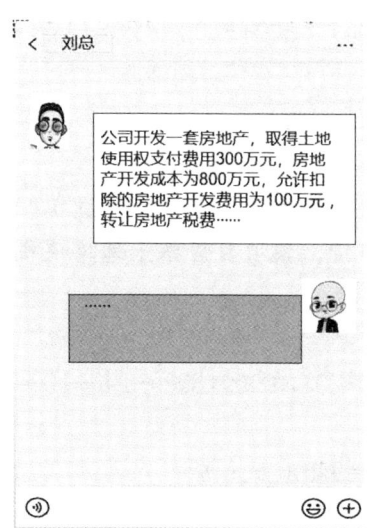

【分析】

根据土地增值税有关规定,对于县级及县级以上人民政府要求房地产开发企业在售房时代收的各项费用,房地产企业可在房价中一并收取,也可以在房价之外单独收取。企业是否将该代收费用计入房价对于企业的增值额不会产生影响,但是会影响房地产的增值率,进而影响土地增值税的数额。因此,企业利用这一规定可以进行纳税筹划,会影响房地产开发的总成本,也就会影响房地产的增值率,进而影响土地增值税的数额。

【对比】

筹划前,将该费用单独收取,该项目应纳土地增值税298万元。

具体计算:

可扣除费用 =300+800+100+(300+800)×20%+140=1,560(万元)。

增值额 =2,500−1,560=940(万元)。

增值率 =940÷1,560=60.26%。

应纳土地增值税 =940×40%−1,560×5%=298(万元)。

筹划后,将该费用计入房价,该项目应纳土地增值税293万元。

具体计算:

可扣除费用 =300+800+100+20%×(300+800)+140+100=1,660(万元)。

增值额 =2,500+100−1,660=940(万元)。

增值率 =940÷1,660=56.63%。

应纳土地增值税 =940×40%-1,660×5%=293（万元）。

【结果】

经过财税筹划后，可以减轻企业成本负担5万元（298-293）。

政策依据

《财政部 国家税务总局关于土地增值税一些具体问题规定的通知》（财税〔1995〕48号）第六条规定：关于地方政府要求房地产开发企业代收的费用如何计征土地增值税的问题，对于县级及县级以上人民政府要求房地产开发企业在售房时代收的各项费用，如果代收费用是计入房价中向购买方一并收取的，可作为转让房地产所取得的收入计税；如果代收费用未计入房价中，而是在房价之外单独收取的，可以不作为转让房地产的收入。

对于代收费用作为转让收入计税的，在计算扣除项目金额时，可予以扣除，但不允许作为加计20%扣除的基数；对于代收费用未作为转让房地产的收入计税的，在计算增值额时不允许扣除代收费用。

第79招 利用优惠
控制销售价格，抓住增值率临界点

一早，亮小一就接到读者金鑫的电话，在电话中了解了金鑫的情况。原来金鑫最近准备出售一批普通商品房，但销售价格不知如何确定，特请亮小一进行筹划。

亮小一想了一下，马上举了个例子：某房地产公司建造一批普通标准住宅，取得销售收入2,500万元，根据税法规定允许扣除项目金额2,080万元，该项目增值额420万元。

【分析】

根据土地增值税法有关规定，增值率是非常关键的因素，直接影响土地增值税税率。增值率未超20%的，可以按普通住宅享受免征土地增值税的优惠政策。

如果增值率在20%这个临界点左右，企业可以通过控制销售价格的方式，从而达到控

某房地产公司建造一批普通标准住宅，取得销售收入2,500万元，根据税法规定允许扣除项目金额2,080万元，该项目增值额420万元。

制增值率，实现财税筹划的目的。

【对比】

筹划前，应纳土地增值税为126万元。

具体计算：

增值率=（2,500-2,080）÷2,080=20.19%。

应纳土地增值税=（2,500-2,080）×30%=126（万元）。

筹划后，销售收入降低20万元，应纳土地增值税为0。

具体计算：

增值率=（2,480-2,080）÷2,080=19.23%。

增值率低于税法规定的20%，免征土地增值税。

【结果】

企业因降低销售收入20万元，可以换来节省成本126万元的结果，直接增加收益106万元。

政策依据

《中华人民共和国土地增值税暂行条例》第八条规定有下列情形之一的，免征土地增值税：

（一）纳税人建造普通标准住宅出售，增值额未超过扣除项目金额20%的；

（二）因国家建设需要依法征用、收回的房地产。

第 80 招 两次销售
降低单次销售价格,筹划金额近百万元

冬季初雪,一大早亮小一就带着公司咨询顾问赶赴泗水县提供帮助。亮小一这次的帮扶对象是沂蒙山区腹地的一个小山村,地处偏僻,发展一直滞后。接近中午,亮小一到达山村,随即走访乡亲,发放慰问品。任务完成,准备返程,村支书和村主任执意留他们吃午饭。盛情难却,亮小一应邀用餐。村支书介绍到一同用餐的还有本村帮扶单位山东省知名房地产公司老总刘新宇。

席间,大家交谈甚欢,刘总在得知亮小一是财税专家后,向其讨教财税问题。他提到最近公司要出售一栋房子,相关税收能否筹划。亮小一认真地为他分析关于筹划的案例:平湖房地产公司出售一栋房屋,房屋不含增值税售价为 1,000 万元,该房屋进行了简单装修并安装了必备设施。根据相关税法规定,该房地产开发业务允许扣除的费用为 400 万元,增值额为 600 万元。该房地产公司应该缴纳土地增

值税、增值税、城建税、教育费附加以及企业所得税，亮小一在案例中使用两次销售筹划方案。

【分析】

房地产销售所负担的税收主要是土地增值税和增值税，而土地增值税是超率累进税率，即房地产的增值率高，所适用的税率也越高。因此，如果可以分解房地产销售的价格，从而降低房地产的增值率，则房地产销售所承担的土地增值税就可以大大降低。由于很多房地产在出售时已经进行了简单装修，因此，可以在简单装修上做文章，将其作为单独的业务独立核算，这样就可以通过两次销售房地产进行纳税筹划。

【对比】

筹划前，应纳土地增值税为240万元。
具体计算：
土地增值率=600÷400=150%。
应纳土地增值税=600×50%-400×15%=240（万元）。

筹划后，将该房屋的出售分为两个合同。第一个合同为房屋出售合同，不包括装修费用，房屋不含增值税出售价格为700万元，允许扣除的成本为300万元。第二个合同为房屋装修合同，装修费用不含增值税300万元，允许扣除的成本为100万元。应纳土地增值税为155万元。

具体计算：
土地增值率=400÷300=133%。
土地增值税=400×50%-300×15%=155（万元）。

【结果】

经过财税筹划,减轻企业成本负担85万元(240-155)。

政策依据

《中华人民共和国土地增值税暂行条例实施细则》(财法字〔1995〕6号)第十条规定:条例第七条所列四级超率累进税率,每级"增值额未超过扣除项目金额"的比例,均包括本比例数。

计算土地增值税税额,可按增值额乘以适用的税率减去扣除项目金额乘以速算扣除系数的简便方法计算,具体公式如下:

(一)增值额未超过扣除项目金额50%

土地增值税税额=增值额×30%

(二)增值额超过扣除项目金额50%,未超过100%的

土地增值税税额=增值额×40%-扣除项目金额×5%

(三)增值额超过扣除项目金额100%,未超过200%

土地增值税税额=增值额×50%-扣除项目金额×15%

(四)增值额超过扣除项目金额200%

土地增值税税额=增值额×60%-扣除项目金额×35%

公式中的5%、15%、35%为速算扣除系数。

第81招　合理定价
销售额、扣除项目关系妙，共同决定土增税

刚刚圆满结束了为期十多天的一个跨地区财税筹划，亮小一感到特别惬意，一边哼着歌，一边开着车向公司驶去。此次财税筹划服务精准，获得客户高度认可。

客户是晨光房地产开发公司，公司建成并待售一幢商品房，预计销售收入在18,000万~19,000万元。为开发该商品房，支付的土地出让金为2,000万元，房地产开发成本为9,000万元，利息支出不能按房地产开发项目分摊也不能提供金融机构的证明，假设城建税税率为7%，教育费附加为3%，当地政府规定允许扣除的房地产开发费用的扣除比例为10%。

如何为该公司筹划，使其房价在同行业中较低，又能获得最佳利润？

分享中，亮小一介绍自己主要是通过合理定价进行筹划。

【分析】

在出售普通标准住宅问题上,企业是完全可以利用合理定价的方法,使自己保持较高竞争力的同时,又能获得较佳利润。千万不可盲目提价,有时较高价格带来的利润反而会低于较低价格所带来的利润。

假设某房地产开发企业建造一批商品房待售,除销售税金及附加外的全部允许扣除的项目金额为A,销售的房价总额为X,假设可扣除的销售税金及附加为5.5%X。

如果纳税人欲享受起征点的照顾,那么最高售价只能为X=1.2(A+5.5%X),(X−A−5.5%X)/(A+5.5%X)≤20%,解得X=1.2848A。企业在这一价格水平下,既可享受起征点的照顾又可获得较大利润。如果售价低于此数,虽也能享受起征点照顾,但只能获得较低收益。

如果企业欲通过提高售价达到增加收益的目的,此时增值率略高于20%,即按"增值率"在50%以下的税率30%缴纳土地增值税,只有当价格提高的部分超过缴纳的土地增值税和新增的销售税金及附加,提价才是有意义的。

假设提高价格Y单位,则新的价格为X+Y,新增的销售税金及附加为5.5%Y。允许扣除的项目金额为:A+5.5%X+5.5%Y;房地产增值额为:X+Y−A−5.5%X−5.5%Y;缴纳的土地增值税为:30%×(X+Y−A−5.5%X−5.5%Y)。

企业欲使提价带来的收益超过因突破起征点而新增的税负,就必须满足:Y>30%×(X+Y−A−5.5%X−5.5%Y)+5.5% Y,其中X是增值率为20%时的售价,可以解得Y>0.0971A。

除销售税金及附加外的可扣除的项目金额为:2,000+9,000+(2,000+9,000)×10%+(2,000+9,000)×20%=14,300(万元)。

（1）公司要享受起征点优惠，又想获得最佳利润，则最高售价应为：14,300×1.2848=18,372.64（万元），此时获利 3,062.1 万元（18,372.64-14,300-18,372.64×5.5%）。当价格定在 18,000 万~18,372.64 万元时，获利将逐渐增加，但都小于 3,062.1 万元。

（2）公司要适当提高售价，则提高的价格至少要大于 1,388.53 万元（14,300×0.0971）。即总房价至少要超过 1,9761.17 万元，提价才会增加总收益，否则提价只会导致总收益减少。

所以，当销售收入预计在 18,000 万~19,000 万元时，公司应选择 18,372.64 万元作为自己的销售价格，使自身的房价较低，增强竞争力，又能给公司带来较大的利润。当然，如果公司能以高于 19,761.17 万元的价格出售商品房，所获利润将会进一步增加。

【对比】

筹划前，当销售收入在 18,400 万元时，能获利 2,161.6 万元（18,400-14,300-18,400×5.5%）×（1-30%）。

筹划后，当销售收入在 18,300 万元时，能获利 2,993.5 万元（18,300-14,300-18,300×5.5%）。

【结果】

销售收入增加，按理企业利润也同比增长。但是通过对比，在特定条件下，房地产企业销售收入增长，并不一定带来利润的增加。本例中，销售收入增加 100 万元，利润却减少 831.9 万元。

政策依据

《中华人民共和国土地增值税暂行条例实施细则》(财法字〔1995〕6号)第十条规定：计算土地增值税税额，可按增值额乘以适用的税率减去扣除项目金额乘以速算扣除系数的简便方法计算，具体公式如下：

（一）增值额未超过扣除项目金额50%

土地增值税税额＝增值额×30%

（二）增值额超过扣除项目金额50%，未超过100%的

土地增值税税额＝增值额×40%－扣除项目金额×5%

（三）增值额超过扣除项目金额100%，未超过200%

土地增值税税额＝增值额×50%－扣除项目金额×15%

（四）增值额超过扣除项目金额200%

土地增值税税额＝增值额×60%－扣除项目金额×35%

公式中的5%、15%、35%为速算扣除系数。

第82招 建造成本
毛坯房变精装房，提高成本轻松筹划

星光房地产开发公司在河北某县城开发了一个楼盘，通过金财老客户介绍，找到亮小一做土地增值税清算业务。为了体现公司对此业务的重视，特地派出了以亮小一为首的精英组。经过一个多月的艰苦奋战，亮小一小组出色地完成了该清算任务。

星光房地产开发公司正在开发丽景小区，为此项目支付土地出让金1,500万元，开发成本3,200万元，含借款利息200万元，可售面积30,000平方米。公司正在制定销售策略，如果销售毛坯房，每平方米售价3,200元，销售收入总额为9,600万元，由于不知如何计算土地增值税，请亮小一帮助进行纳税筹划。亮小一在筹划过程中，使用了适当加大建造成本的方法实现财税筹划。

【分析】

房地产企业为了提高产品的竞争力，在市场可以接

受的范围内,采取适当加大公共配套设施的投入、改善住房周边环境、提高装修档次等手段增加房屋卖点。投入的成本可以通过提高售价得到补偿,企业加大了建造成本就等于加大了可扣除项目金额,可扣除项目金额的增幅为建造成本增幅的1.3倍,这样就拉动了增值率的降低,从而成功降低企业成本。

【对比】

筹划前,销售毛坯房应缴纳土地增值税1,207.5万元。
具体计算:
不含息建造成本=1,500+3,200-200=4,500(万元)。
扣除项目金额=4,500×130%=5,850(万元)。
增值额=9,600-5,850=3,750(万元)。
增值率=3,750÷5,850=64%,适用税率40%,速算扣除率为5%。
应缴土地增值税=3,750×40%-5,850×5%=1,207.5(万元)。

筹划后,改卖毛坯房为装修房。对房屋进行装修,预计装修费用1,200万元,装修之后,每平方米售价为3,600元,销售收入总额10,800万元。无其他变动因素,应缴纳土地增值税1,107万元。

具体计算:
不含息建造成本=1,500+3,200-200+1,200=5,700(万元)。
扣除项目金额=5,700×130%=7,410(万元)。
增值额=10,800-7,410=3,390(万元)。
增值率=3,390÷7,410=45.7%,适用税率30%。
应缴土地增值税=3,390×30%=1,017(万元)。

【结果】

筹划后,企业可以减少成本190.5万元(1,207.5-1017)。可见,提高房产售价,适度加大建造成本,使增加的建造成本得到补偿,可以降低土地增值税的增值率。如果是普通标准住宅,可以免缴土地增值税;如果是非普通标准住宅,可以降低增值额、降低增值率,使得土地增值税适用于较低税率。

政策依据

《中华人民共和国土地增值税暂行条例实施细则》(财法字〔1995〕6号)第十条规定:条例第七条所列四级超率累进税率,每级"增值额未超过扣除项目金额"的比例,均包括本比例数。

计算土地增值税税额,可按增值额乘以适用的税率减去扣除项目金额乘以速算扣除系数的简便方法计算,具体公式如下:

(一)增值额未超过扣除项目金额50%

土地增值税税额=增值额×30%

(二)增值额超过扣除项目金额50%,未超过100%的

土地增值税税额=增值额×40%-扣除项目金额×5%

(三)增值额超过扣除项目金额100%,未超过200%

土地增值税税额=增值额×50%-扣除项目金额×15%

(四)增值额超过扣除项目金额200%

土地增值税税额=增值额×60%-扣除项目金额×35%

公式中的5%、15%、35%为速算扣除系数。

第 83 招　房产清算
推迟清算时间，取得筹划效果

最近公司进了一批新人，亮小一准备先让他们进行培训再上岗。为保证效率，他决定亲自讲课，专门精心策划了实战中的 20 个案例，其中有一个关于土地增值税的案例比较经典。

案例中盛达房地产开发企业 2016 年 1 月取得房产销售许可证，开始销售房产。2017 年底已经销售了 86% 的房产，经过企业内部初步核算，该企业需要缴纳土地增值税 8,000 万元。目前该企业已经预缴土地增值税 2,000 万元。针对企业应当如何进行纳税筹划，亮小一采取推迟清算时间以达到筹划的效果。

【分析】

根据房地产开发企业土地增值税清算管理有关规定，已竣工验收的房地产开发项目已转让的房地产建筑面积占整个项目可售建筑面积的比例在85%以上的，主管税务机关可要求纳税人进行土地增值税清算。如果该企业进行土地增值税清算，则需要在2018年初补缴6,000万元税款。如果该企业有意控制房产销售的速度和规模，将销售比例控制在84%，剩余的房产可以留待以后销售或用于出租。这样，该企业就可以避免在2018年初进行土地增值税的清算，可以将清算时间推迟到2019年初。

【对比】

筹划前，2018年初进行土地增值税清算，需缴纳土地增值税6,000万元。

筹划后，2019年初进行土地增值税清算，需缴纳土地增值税6,000万元。

【结果】

这样就相当于该企业获得了6,000万元资金的1年期无息贷款。如果银行同期贷款利率为7%，则该纳税筹划为企业节约利息420万元。

政策依据

《国家税务总局关于房地产开发企业土地增值税清算管理有关问题的通知》(国税发〔2006〕187号)第二条规定：

土地增值税的清算条件：

(一)符合下列情形之一的，纳税人应进行土地增值税的清算：

1. 房地产开发项目全部竣工、完成销售的；
2. 整体转让未竣工决算房地产开发项目的；
3. 直接转让土地使用权的。

（二）符合下列情形之一的，主管税务机关可要求纳税人进行土地增值税清算：

1. 已竣工验收的房地产开发项目，已转让的房地产建筑面积占整个项目可售建筑面积的比例在85%以上，或该比例虽未超过85%，但剩余的可售建筑面积已经出租或自用的；
2. 取得销售（预售）许可证满三年仍未销售完毕的；
3. 纳税人申请注销税务登记但未办理土地增值税清算手续的；
4. 省税务机关规定的其他情况。

第84招 企业改制
房产转让改为不动产投资，节约成本5000万元

亮小一近日参加了大学同学聚会，同学之中真是人才辈出，有的在政府部门任重要职务、有的在公司做高管、有的创业开了公司。

闲聊期间，大家互诉家常，也顺道介绍自己的近况，亮小一也向同学介绍了自己的情况。同学小李见机把亮小一拉到一边说："老同学，我在一家公司任总经理助理，现在我公司还真有个难题不知道怎么破解。"听了小李的难题，亮小一自信满满地说："这有什么难的，我们好好喝两杯，明天我就给你出个筹划方案，一招帮你搞定。"

小李介绍，目前自己就职的蓝天公司，计划将一栋不动产转让给白云公司，由于该不动产增值较高，预计仅土地增值税一项税负就达5,000万元，希望亮小一为蓝天就税务筹划出谋划策。

【分析】

蓝天公司可以在企业改制重组的大框架下进行该项交易，将不动产转让改为不动产投资，即将该处不动产投资至白云公司，持有白云公司一定份额的股权，此时可免纳土地增值税。未来，蓝天公司可以通过取得股息以及转让白云公司股权等方式来获取该项投资的收益。从长期来看，与转让不动产的收益是相当的，但税负将大大降低。

【对比】

筹划前，蓝天公司需缴纳土地增值税5,000万元。

筹划后，蓝天公司不需缴纳土地增值税。

【结果】

利用企业改制重组的税收优惠政策，企业实现暂不征土地增值税，从而达到筹划目的。

政策依据

《财政部 税务总局关于继续实施企业改制重组有关土地增值税政策的通知》（财税〔2018〕57号）规定：

为支持企业改制重组，优化市场环境，现将继续执行企业在改制重组过程中涉及的土地增值税政策通知如下：

一、按照《中华人民共和国公司法》的规定，非公司制企业整体改制为有限责任公司或者股份有限公司，有限责任公司（股份有限公司）整体改制为股份有限公司（有限责任公司），对改制前的企业将国有土地使用权、地上的建筑物及其附着物（以下称房地产）转移、变更到改制后的企业，暂不征土地增值税。

二、按照法律规定或者合同约定，两个或两个以上企业合并为一个企业，且原企业投资主体存续的，对原企业将房地产转移、变更到合并后的企业，暂不征土地增值税。

三、按照法律规定或者合同约定，企业分设为两个或两个以上与原企业投资主体相同的企业，对原企业将房地产转移、变更到分立后的企业，暂不征土地增值税。

四、单位、个人在改制重组时以房地产作价入股进行投资，对其将房地产转移、变更到被投资的企业，暂不征土地增值税。

第 85 招 企业筹建
巧用企业筹备期，开办费变为前期工程费

吴总是一家新成立的房地产公司老总。在清华大学工商管理总裁班财务管控课程学习期间，大家课余一起讨论问题的时候，亮小一注意到吴总一副心事重重欲言又止的样子。亮小一找机会与吴总单独聊了聊，得知吴总因公司新开发的一个楼盘要缴土地增值税深感烦恼。

吴总介绍到，天源房地产开发公司于 2004 年 7 月成立，2015 年 2 月取得一宗土地使用权，支付土地出让金 2,800 万元。随后，公司开始办理土地使用权过户的手续、搞规划设计、进行"三通一平"等项工作，又办理开工许可证、预售许可证等前期工作，该小区规划为普通标准住宅。直到 2016 年 7 月才开始施工建设，在这期间发生费用 1,000 万元，财会部门作为"开办费"处理。工程经过一年的施工，于 2017 年 9 月竣工。开发成本 5,200 万元，可售面积 20,000 平方米，以单位均

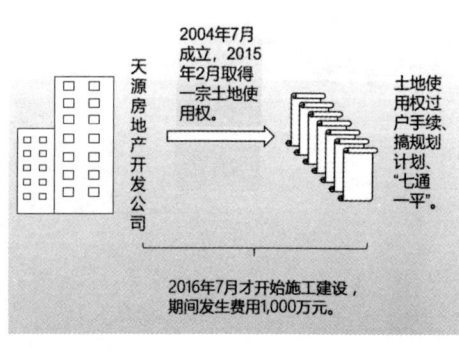

价 6,700 元对外销售，到 2017 年末，房产全部售出。发生期间费用 180 万元，借款利息 420 万元，但不能全部取得银行借款证明，求助亮小一计算应交土地增值税并出招税务筹划。亮小一建议巧妙运用企业筹备期。

【分析】

根据税法规定，房地产企业开工前的费用可以直接列入前期工程费用，在计算土地增值税时扣除。本例中，1,000 万元的开办费直接列入前期工程费后，应交土地增值税就会发生较大变化。

【对比】

筹划前，土地增值税的计算：

销售收入总额 =6,700×20,000=13,400（万元）。

扣除项目金额 =（2,800+5,200）×130%=10,400（万元）。

增值额 =13,400-10,400=3,000（万元）。

增值率 =3,000÷10,400=28.8%。

适用税率 30%，速算扣除率为 0。

应交土地增值税 =3,000×30%-0=900（万元）。

筹划后，土地增值税的计算：

销售收入总额 =6,700×20,000=13,400（万元）。

扣除项目金额 =（2,800+5,200+1,000）×130%=11,700（万元）。

增值额 =13,400-11,700=1,700（万元）。

增值率 =1,700÷11,700=14.5%。

增值率小于 20%，免征土地增值税。

【结果】

1,000万元的"开办费"直接列入前期工程费后,增加了增值额的扣除项目,直接影响了增值率,从而为企业减少了900万元的成本负担。

政策依据

《中华人民共和国土地增值税暂行条例实施细则》(财法字〔1995〕6号)第七条规定:条例第六条所列的计算增值额的扣除项目,具体为:

(一)取得土地使用权所支付的金额,是指纳税人为取得土地使用权所支付的地价款和按国家统一法规缴纳的有关费用。

(二)开发土地和新建房及配套设施的成本,是指纳税人房地产开发项目实际发生的成本(以下简称房地产开发成本),包括土地征用及拆迁补偿费、前期工程费、建筑安装工程费、基础设施费、公共配套设施费、开发间接费用。

土地征用及拆迁补偿费,包括土地征用费、耕地占用税、劳动力安置费及有关地上、地下附着物拆迁补偿的净支出、安置动迁用房支出等。

前期工程费,包括规划、设计、项目可行性研究和水文、地质、勘察、测绘、"三通一平"等支出。

建筑安装工程费,是指以出包方式支付给承包单位的建筑安装工程费,以自营方式发生的建筑安装工程费。

基础设施费,包括开发小区内道路、供水、供电、供气、排污、排洪、通讯、照明、环卫、绿化等工程发生的支出。

第86招 费用移位
改变项目人员的编制，节约成本300万元

大宇房地产开发有限公司开发的丽湾小区，可谓是万事俱备，只待开盘销售。为了控制成本、节约资金、扩大收益，这一天，王总组织公司中层以上人员讨论相关策略，并邀请亮小一召开研讨会。

丽湾小区项目支付土地出让金1,500万元，开发成本3,200万元，含借款利息200万元，可售面积30,000平方米，如果销售毛坯房，销售收入总额为9,100万元。

【分析】

调整公司编制，10%的"房地产开发费用"扣除是否会降低？

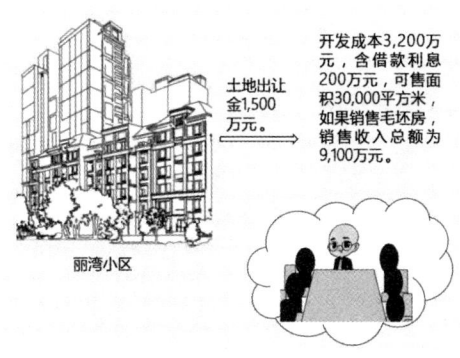

【对比】

筹划前,销售毛坯房应交纳土地增值税。

不含息建造成本=1,500+3,200-200=4,500(万元)。

扣除项目金额=4,500×130%=5,850(万元)。

增值额=9,100-5,850=3,250(万元)。

增值率=3,250÷5,850=55.6%。

适用税率40%,速算扣除率为5%。

应交土地增值税=3,250×40%-5,850×5%=1,300-292.5=1,007.5(万元)。

筹划后,假设甲公司开发丽湾小区需要两年时间,公司管理人员30人,每年需要管理费用200万元。公司本部的人员兼任项目的管理工作,为了加强项目管理,经过董事会决议,把公司的一部分管理人员编制到开发项目中,共计扩大项目人员编制16人,每年减少管理费用、增加开发间接费用100万元,无其他变动因素。

不含息建造成本=1,500+3,200-200+100×2=4,700(万元)。

扣除项目金额=4,700×130%=6,110(万元)。

增值额=9,100-6,110=2,990(万元)。

增值率=2,990÷6,110=48.9%。

适用税率30%,速算扣除率为0。

应交土地增值税=2,990×30%-0=897(万元)。

【结果】

改变公司编制减少企业成本110.5万元(1,007.5-897)。

政策依据

《中华人民共和国土地增值税暂行条例实施细则》（财法字〔1995〕6号）第七条规定：条例第六条所列的计算增值额的扣除项目，具体为：

（一）取得土地使用权所支付的金额，是指纳税人为取得土地使用权所支付的地价款和按国家统一规定交纳的有关费用。

（二）开发土地和新建房及配套设施（以下简称房地产开发）的成本，是指纳税人房地产开发项目实际发生的成本（以下简称房地产开发成本），包括土地征用及拆迁补偿费、前期工程费、建筑安装工程费、基础设施费、公共配套设施费、开发间接费用。

土地征用及拆迁补偿费，包括土地征用费、耕地占用税、劳动力安置费及有关地上、地下附着物拆迁补偿的净支出、安置动迁用房支出等。

前期工程费，包括规划、设计、项目可行性研究和水文、地质、测绘、"三通一平"等支出。

建筑安装工程费，是指以出包方式支付给承包单位的建筑安装工程费，以自营方式发生的建筑安装工程费。

基础设施费，包括开发小区内道路、供水、供电、供气、排污、排洪、通讯、照明、环卫、绿化等工程发生的支出。

公共配套设施费，包括不能有偿转让的开发小区内公共配套设施发生的支出。

开发间接费用，是指直接组织、管理开发项目发生的费用，包括工资、职工福利费、折旧费、修理费、办公费、水电费、劳动保护费、周转房摊销等。

|第五篇|
CAIWUDELILIANG
其他税种的税筹规划案例

第87招 分门别类
准确分开核算，节约资金25万元

盘山发现铁矿了！这无异于在该县引爆了一颗重磅炸弹。盘山位于县域北部山区，全乡总人口数不到5万，2017年财政收入也只有1,000万元左右，境内80%为山区。当地民风淳朴，相比周边乡镇，整体生活水平较低，只有两条县乡公路与外界联系，属于相对闭塞和贫穷的乡镇。

吴总，是本县商人，主要从事旅游、酒店生意，在北京、云南均有业务，听说家乡发现了铁矿，便有了强烈的参与意向。吴总首先通过调查了解到该矿品质较高，有利可图；其次也厌倦了长期的外地生活，想回乡创业。后来，经过与县、乡政府洽谈，以招商引资和返乡创业的形式取得了矿山开采权。

因合同条款中涉及企业招商引资政策，吴总频繁与县财税系统人士接触，经过他们引荐，认识了北京金财的财税专家亮小一，并决定将企业税收筹划业务交由亮小一打理。

2018年1月共生产销售铁矿原矿5万吨。

矿山于 2018 年 1 月共生产销售铁矿原矿 5 万吨。在开采过程中，还开采销售了伴生矿锰矿石、铬矿石各 1 万吨。假设这座矿山在另一采矿点还开采并销售了瓷土 5,000 吨，该矿山开采的矿石全部用于对外销售。铁矿石原矿的单位税额是每吨 15 元，锰矿石单位税额是每吨 2 元，铬矿石和瓷土单位税额是每吨 3 元。亮小一初步了解情况后，给出的建议是：企业在纳税过程中要分门别类，不要"胡子眉毛一把抓"。

【分析】

在现实情况中，一个矿床一般不可能仅出产一种矿产品，大多除了一种主要矿产品外，还有其他伴生矿产品。未分别核算铁矿石和两种伴生矿的销售额或销售数量，按照资源税的有关规定，应从高适用税额征税。建议吴总应该积极创造条件，通过准确核算各矿产品的销售额或销售数量，清楚区分哪些应该纳税，哪些不应该纳税，应该纳税的适用何种税率，以便充分享受税收优惠，达到节省资金的目的。

【对比】

筹划前，未分别核算，当年应纳资源税 106.5 万元。
具体计算：
应纳资源税 =70,000×15+5,000×3=106.5（万元）。
筹划后，分别核算，当年应纳资源税 81.5 万元。
具体计算：
应纳资源税 =50,000×15+10,000×2+15,000×3=81.5（万元）。

【结果】

按照分门别类方式缴纳资源税,可减轻企业成本负担25万元(106.5-81.5)。

政策依据

《中华人民共和国资源税暂行条例》第五条规定:纳税人开采或生产不同税目应税产品的,应当分别核算不同税目应税产品的销售额或销售数量,未分别核算或者不能准确提供不同税目销售额或销售数量的,从高适用税率。

第88招 反客为主
比对好综合回收率，节约资金 167 万元

近年来，为节能环保、缓解产能过剩，全国统一部署小煤矿综合治理，作为全国产煤主要产区的山西省更是频出重拳。浙江人王明一直在大同从事煤矿开发，属于出道比较早的煤老板，也积累了一定财富。面对本次全国统一的宏观调控政策，一时之间他焦头烂额，不知如何应对。于是干脆趁着政策调整和企业停产的空隙，带着全家到海南旅游，别的事回来之后再说。

说来也巧，在参观三亚南海观音时，偶遇了亮小一。他乡遇故知，推杯换盏肯定是少不了的，在交谈中，王明就把当前的烦恼向亮小一倾诉，希望能得到专家的指点。亮小一答应会让自己公司的财税咨询团队，替王明就企业未来发展方向和税收筹划方面提出整体方案。王明心想，海南一行还真是拜到了真菩萨！

5月，王明的煤矿对外销售原煤 500 万吨，使用本

矿生产的原煤加工洗煤共 100 万吨。该矿加工产品的综合回收率为 60%，税务机关确定的同行业综合回收率为 40%，原煤适用单位税额为每万吨 2 万元。

【分析】

建议王明的企业今后发展重点方向是原煤深加工。不要和以前一样只是原始地挖煤卖煤，在积极响应国家政策的同时，提高产品附加值。同时，要事先根据本企业的折算比与税务机关规定的折算比、综合回收率进行比较，主动介入，积极协调，有意识地使企业的实际折算比、综合回收率较高于税务部门的规定。业务操作过程中，要加强财务核算，准确提供应税产品的销售数量和移送数量。

【对比】

筹划前，按税务机关确定综合回收率计算应纳资源税 1,500 万元。

具体计算： 应纳资源税 = 500×2+100÷40%×2 = 1,500（万元）。

筹划后，按实际的综合回收率计算应纳资源税 1,333 万元。

具体计算： 应纳资源税 = 500×2+100÷60%×2 = 1,333（万元）。

【结果】

按实际综合回收率计算可节省资金 167 万元，筹划效率达 11%。

政策依据

《中华人民共和国资源税暂行条例》第三条规定：纳税人具体适用的税率，在本条例所附《资源税税目税率表》规定的税率幅度内，根据纳税人所开采或者生产应税产品的资源品位、开采条件等情况，由财政部商国务院有关部门确定；财政部未列举名称且未确定具体适用税率的其他非金属矿原矿和有色金属矿原矿，由省、自治区、直辖市人民政府根据实际情况确定，报财政部和国家税务总局备案。

第89招　示人以虚

投产前，争取较低税额标准，节约资源税

经过近半年的洽谈，赵总终于与该县政府签订了莲山乡铁矿的开采合作协议！赵总将公司名称注册为明湖矿产实业有限公司。前期工作完成后，赵总就立马组织人员，进行采购专业设备等具体事宜。就在赵总山上山下忙得不亦乐乎的时候，县税务局专管员陈小林一行四人登门拜访，要求公司就税务事项予以明确。由于赵总以前主要从事服务业，从来没有接触过矿产方面的税收业务，为稳妥起见，赵总对来访的税务人员提出要咨询专业机构和相关专家的要求，并保证依法纳税，三天内一定到税务局对接。

送走税务局一行人后，赵总联系公司的财务顾问亮小一，不曾想，亮小一正在来本县的路上，并打算在县城待几天，这可把赵总乐坏了。第二天，赵总便来到九洲饭店与亮小一会面，并请亮小一就税收相关事项出谋划策。

【分析】

赵总的矿还没有实际投产，矿产等级评定至关重要，将直接决定以后的税收标准和负担。该项评定依据是政府人员观察测定的结果，在实际执行过程中，样品收集具有一定偶然和人为因素。如果赵总主动示弱，尽量将评矿的等级体现出来，争取本企业矿产等级评定和适用的税额标准低于矿山实际和邻近矿山的标准。该类税收筹划活动需要企业具有一定的技巧和协调能力，值得尝试。

【结果】

税额标准每下降一个百分点，对应的应纳税额将直接减少。

政策依据

1.《中华人民共和国资源税暂行条例》第三条规定：纳税人具体适用的税率，在本条例所附《资源税税目税率表》规定的税率幅度内，根据纳税人所开采或者生产应税产品的资源品位、开采条件等情况，由财政部商国务院有关部门确定；财政部未列举名称且未确定具体适用税率的其他非金属矿原矿和有色金属矿原矿，由省、自治区、直辖市人民政府根据实际情况确定，报财政部和国家税务总局备案。

2.《中华人民共和国资源税暂行条例》第四条规定：资源税的应纳税额，按照从价定率或者从量定额的办法，分别以应税产品的销售额乘以纳税人具体适用的比例税率或者以应税产品的销售数量乘以纳税人具体适用的定额税率计算。

第90招　科学结算

改变结算方式和纳税时间，提高货币时间价值

黄志明在深圳打工多年，主要从事玩具生产行业，在资金上有一定积累，其子女已经双双毕业参加了工作，考虑到自己年纪快奔五十了，于是想要落叶归根。他的老家在滨湖地区，境内河流较多，素有"鱼米之乡"的美称。

在 2018 年五一长假期间，一帮高中同学从老家来到深圳旅游，他们在交谈中经常提到家乡县政府将加强对非法采砂的管理这一举措。大伙认为，只要合法经营，开办采砂场应该是有利可图的事，但苦于这帮同学都是一直在家务农或是在乡镇担任小公务员，资金投入能力不足，考虑到投资风险问题，一直拿不定主意。黄志明利用合适的方式，向一直私交特别好的同学刘立光表达了自己想投资的意愿，并表示，他不但可以负责提供大部分投资，而且在企业管理上还可找专业人员帮助谋划。

没想到，当刘立光将黄总想投资的事和同行的人一说，大家

一拍即合。趁着喝了一杯酒的兴头，黄志明马上拨打老朋友亮小一的电话，现场咨询关于砂场税收方面的事项。

【分析】

河砂属于单一的应税产品，执行单一的定额税率征收。河砂的主要供应对象是交通、市政工程或普通群众，在资金结算时间上会存在一定的时间差，所以在销售总量锁定的前提下，只要结合实际情况，在签订合同时，选择有利的结算方式和纳税时间，就能充分提高货币的时间价值。

【结果】

整体纳税额不会发生变化。在合理的时间履行纳税义务，最大限度降低资金占用，提高企业流通货币的时间价值。

政策依据

《中华人民共和国资源税暂行条例》第九条规定：纳税人销售应税产品，纳税义务发生时间为收讫销售款或者取得索取销售款凭据的当天；自产自用应税产品，纳税义务发生时间为移送使用的当天。

第91招 金蝉脱壳
选址要紧跟政策步伐,让土地使用税降至0

刘大明是县粮食局老职工,企业改制时借钱买断了县粮油总公司所属的兴湖农产品加工厂。该加工厂位于县城老城区,占地面积1万平方米。近年来,城市发展重心转移到了城东和城北新区,政府对老城区道路建设方面投入财力有限,导致厂区交通越来越不便利,大型货车进出困难,原材料供应困难。而且由于企业位于县城,每年都需缴纳城镇土地使用税18万元,负担很重。

2017年以来,国家大力支持地方政府开展棚户区改造,刘大明的加工厂处于棚改拆迁范围,而且听说政府拆迁补偿的标准较高,按厂区面积和厂房建筑规模测算,至少要补偿800万元。老刘心里真是乐开了花,正所谓"好雨知时节,当春乃发生"。但转而想到这么多年一直跟自己打拼的员工的就业问题和自己以后的事业,老刘决定将兴湖加工厂继续办下去。企业的

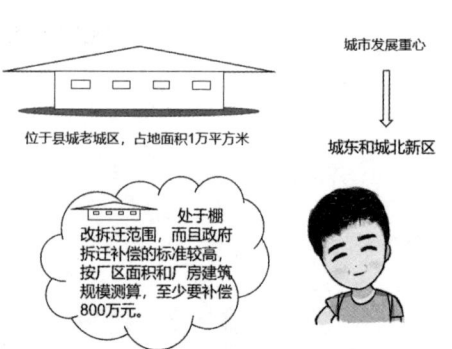

搬迁涉及选址、成本、税收等方方面面，为了更加周全，老刘专门跑了一趟北京，请教金财财税专家亮小一。

【分析】

亮小一热情接待了远道而来的客户，在了解老刘的相关情况后，建议老刘在离县城较近的城南乡选择一处地皮，并与乡镇政府签订招商引资协议，以挂牌出让的方式取得土地使用权，将原厂区棚改拆迁政府补偿资金用于新厂区厂房建设。之所以选择在城南乡，一是充分利用了城镇土地使用税征税范围的特殊政策，每年将节省城镇土地使用税18万元；二是该乡与县城仅一河之隔，更是处于农产品加工行业供销的中间地带，成本上很是划算。听老师亮小一这样解释，老刘接连竖起大拇指。

【对比】

筹划前，在城区每平方米城镇土地使用税年征收标准是18元，则全年须缴纳城镇土地使用税18万元。

具体计算：年应纳城镇土地使用税=10,000×18=180,000（元）。

筹划后，重新选址在城南乡，年应纳城镇土地使用税为0元。

【结果】

进行重新选址筹划后，该企业不再属于城镇土地使用税征税范围，从而有效降低了企业成本负担。

政策依据

《中华人民共和国城镇土地使用税暂行条例》(国务院令第483号)第二条规定:在城市、县城、建制镇、工矿区范围内使用土地的单位和个人,为城镇土地使用税(以下简称土地使用税)的纳税人,应当依照本条例的规定缴纳土地使用税。

前款所称单位,包括国有企业、集体企业、私营企业、股份制企业、外商投资企业、外国企业以及其他企业和事业单位、社会团体、国家机关、军队以及其他单位;所称个人,包括个体工商户以及其他个人。

第92招 增收节支
将土地出租给交警队,安全又节省资金

1992年高中毕业后,李二腊就南下珠海,加入打工潮,创业前10年他从事过很多职业,吃了不少苦。2003年,与朋友合伙开办了自己的公司,经过10多年的积累和发展,名下有3家公司,手下员工近500人,也算是小有成就。2018年回家过年,当地乡政府主要领导热情接待李总,酒席间积极鼓励其返乡创业,并说当前工业用地很便宜,投产后还有很多税费方面的优惠政策,企业初期乡政府还将派专人负责跟踪服务。

可能是被乡镇领导的热心所感动,更可能是对招商引资的优惠政策动了心,李总说干就干,第二天就在书记、镇长的陪同下,到县工业园区洽谈具体的合作事项,并看中了园区一块面积40亩左右的土地,双方第二天就签订了招商引资合作框架协议。

合同是签了,但毕竟是通过自己艰苦奋斗积累的财富,真要一下投入那么多资

金到一个新地方和新领域,李二腊还是要谨慎再三而后动的。看中的是那一整块地,却又暂时无法按县里要求的投资强度投入那么多资金,还真是有点犯难。

说来也巧,镇长突然想起来,今年6月同学聚会时见到自己的高中同学亮小一,作为税务专业出身的亮小一,在这方面见多识广,对于李总的问题应该会有办法解决。经镇长介绍,抱着试试看的态度,李二腊专程跑到北京,请财税专家亮小一给自己出谋划策。

【分析】

听了李总的介绍后,亮小一认为,在企业资金投入计划不变的前提下,建议李总在编制企业发展规划时,可结合本企业土地实际利用率,在土地使用上合理筹划。将土地规划分为两期,在一期20亩建设期间,将二期待开发20亩土地出租给行政事业单位使用,这样做主要是避免土地闲置,同时降低企业的城镇土地使用税负担。

根据亮小一的建议,李二腊请当地乡镇领导帮忙联系了县交警队,将20亩土地出租给他们,用于车辆年检免费集中停放。

【对比】

筹划前,不出租每年应纳城镇土地使用税53,333.6元。

具体计算:应纳城镇土地使用税=20×666.67×4=53,333.6(元)。

筹划后,出租给交警队使用,不缴纳城镇土地使用税。

【结果】

将20亩暂不利用土地出租给交警队使用,每年节约资金53,333.6元。

政策依据

《中华人民共和国城镇土地使用税暂行条例》(国务院令第483号)第六条规定:下列土地免缴土地使用税:

(一)国家机关、人民团体、军队自用的土地;

(二)由国家财政部门拨付事业经费的单位自用的土地;

(三)宗教寺庙、公园、名胜古迹自用的土地;

(四)市政街道、广场、绿化地带等公共用地;

(五)直接用于农、林、牧、渔业的生产用地;

(六)经批准开山填海整治的土地和改造的废弃土地,从使用的月份起免缴土地使用税5年至10年;

(七)由财政部另行规定免税的能源、交通、水利设施用地和其他用地。

第93招　浑水摸鱼

签订合同要谨慎，延后缴纳印花税 15 万元

2000 年，段小兵在新余电子技校毕业后独自一人去深圳打工，经过面试进入一家生产手机主板的小型电子厂上班。在工作之余，他自学机器人原理方面的知识，并于 2015 年申请了两项机器人方面发明专利。2018 年初，在参加深圳市高新技术产业交流会上，段小兵的专利引起了一名企业老总的投资兴趣，想一次性买断专利使用权。段小兵对自己专利的发展前景十分看好，认为其价值还有提高空间，并不想被一次性买断，只想与企业老总以技术转让的形式合作。在涉及合同签订时，老总对一些细节问题的处理心里没谱。

2018 年 5 月，这位老板在一次公司税筹的研讨会上结识了亮小一，被其专业的讲解和特殊的视角所折服。利用吃晚饭的机会，主动向亮小一请

教，希望他能给予专业的指导。

【分析】

亮小一建议签订合同前请电子行业专家对段小兵专利的市场前景和专利转让价值进行专业评估，根据产品销售收入的一定比例收取或按其实现利润多少进行分成。签订时不要确定计税金额，因为税法规定，对这类合同，可在签订时先按定额5元贴花，以后结算时再按照实际的金额计税，补贴印花。

【对比】

筹划前，假设专利转让价款为5,000万元，明确转让价款应缴纳印花15万元。

具体计算：应缴纳印花=5,000×0.3‰=15（万元）。

筹划后，不明确转让价款应缴印花5元。

【结果】

按现行印花税税率，技术转让合同按0.3‰税率，与现行定额贴花5元标准对比，就纳税时间而言，提高了资金使用的时间价值，有一定的筹划空间。

政策依据

1.《中华人民共和国印花税暂行条例施行细则》第十四条规定：合同书立或者领受时贴花，是指在合同的签订时、书据的立据时、账簿的启用时和证照的领受时贴花。

2.《国家税务局关于印花税若干具体问题的规定》(国税地字〔1988〕25号)第四条规定:有些合同在签订时无法确定计税金额,如技术转让合同中的转让收入,是按销售收入的一定比例收取或是按实现利润分成的;财产租赁合同,只是规定了月(天)租金标准而却无租赁期限的。对这类合同,可在签订时先按定额五元贴花,以后结算时再按实际金额计税,补贴印花。

第94招　化繁为简
合同签得越少，印花税交得越少

吴天一直从事建筑行业，是一家中小型建筑公司的老总。村里的30多位老乡长期跟他做事，多年一起打拼，吴天与他们结下了深厚的友谊，已不仅仅是老板与下属的关系了，更多的时候是朋友。吴天的一位朋友在园区企业担任财务总监，刚好企业要扩建，在这位朋友的力荐下，企业老板将这笔预算总金额将近1亿元的业务交由吴天承建，这对于一直小打小闹的吴天来说可是一笔特大业务。

在看到项目具体内容时，吴天犯难了，因为其中有些施工内容他们从来没做过，主要还是担心做不好会让朋友在老板面前不好交代。经过商量，他决定还是将这些自己没把握做好的项目转给专业的队伍来干，虽说自己公司的利润减少了，但必须保证工程质量。吴天把自己的想法和朋友说了，如果这样，则所有合同签订完毕他要交二次印花税。因为印花税是一种行为

性质的税种，当施工单位将自己承包的建设项目分包，或者转包给其他施工单位时，其所签订的分包合同或转包合同，应按照新的分包合同或转包合同上记载的金额再次计算应纳税额。算下来也有好几万块钱呢，这可怎么办呢？

因为大家是江西老乡，经财务总监引荐，吴天很快便认识了亮小一。谈话间，吴天便将自己正为合同签订犯愁的事告诉了亮小一，希望能得到专家的指点。

【分析】

亮小一在了解情况后，建议吴天在合同签订时要化繁为简，尽可能少立应税凭证，由园区企业分别与吴天、吴天聘请的专业队伍签订合同。同时，建议吴天通过财务总监向老板解释，这样肯定不会增加园区企业税收负担。承诺对所有的工程质量向企业老板负责，工程款结算的事由吴天自己处理，也避免了重复纳税。在合法的情况下，成人之美，何乐而不为呢。

【对比】

吴天建筑公司承揽了某企业厂房建设业务，总计金额为1亿元。因业务需要，吴天又分别与B公司和C公司签订分包合同，合同记载金额分别为6,000万元和2,000万元。

筹划前，吴天建筑公司与企业签订合同，双方应各纳印花税=10,000×0.3‰=3（万元）。吴天建筑公司分别与B公司和C公司签订分包合同，则吴天建筑公司应纳印花税2.4万元。

吴天建筑公司合计应纳印花税5.4万元。

筹划后，四家公司合理筹划，减少转包环节，由企业直接与三家公司签订2,000万元、6,000万元、2,000万元承包合同。则其他方应纳印花税不变，吴天建筑公司应纳0.6万元。

【结果】

当选择减少环节，分别签订合同时，园区企业、B公司、C公司税负不变，吴天建筑公司可以节省成本4.8万元。

政策依据

《中华人民共和国印花税暂行条例施行细则》第三条规定：建设工程承包合同，是指建设工程勘察设计合同和建筑安装工程承包合同。建设工程承包合同包括总包合同、分包合同和转包合同。

第95招　合理压缩
签订方式要选好，合同类别要分清

2017年开始，受国家宏观调控政策影响，全国棚户区改造力度空前，货币置换政策使得三、四线城市的房地产迅速升温。温州老板刘明通过公开摘牌的方式取得县城一块土地的房地产开发权，一期开盘所有房屋被一抢而空，经过几个月紧张施工，整体框架顺利封顶，马上进入装修阶段，当务之急是尽快采购一批入户门。

经过多方询价综合分析，决定委托城郊的一家门厂加工所有入户门，预计总价值4,000万元，其中：加工所需原材料3,000万元、门锁等配件600万元、加工费用400万元。

老客户李丹，也属于棚改拆迁户，在老房子被征迁之后，在刘明的楼盘内选中了一套120平方米的商品房。国庆节后，亮小一做咨询期间，正好赶上双方正式签购房合同，交购房款。李总约了亮小一一起来到刘总的楼盘，

想与开发商刘总谈谈，询问是否可以给予一些优惠。

通过介绍，刘总知道亮小一是财税方面的专家后，很爽快地答应按最优惠折扣价签订合同，并就房地产企业税收方面的业务向亮小一咨询，其中就有与城郊门厂签合同的事。

【分析】

印花税的计税依据是合同上所载的金额，实际执行过程中，一项合同会涉及原材料、加工费、施工费等各项费用，而且印花税属合同双方均同等负担的税收，直接关联到双方的共同利益，因而出于共同利益考虑，双方或多方当事人可以经过合理筹划，使各项费用及原材料等的金额通过合法的途径从委托加工合同所载金额中减除，达到财税筹划的目标。

针对该笔业务，亮小一向刘总提出三种比较方案并建议按加工费签订合同。

【对比】

方案一：按总价值签订合同，门厂应纳印花税2万元。
具体计算：40,000,000×0.5‰ =20,000（元）。

方案二：按材料费和加工费分开签订合同，门厂应纳印花税12,800元。
具体计算：36,000,000×0.3‰ +4,000,000×0.5‰ =12,800（元）。

方案三：只就加工费签订合同，门厂应纳印花税2,000元。
具体计算：4,000,000×0.5‰ =2,000（元）。

【结果】

三种不同方式签订的合同，加工企业印花税缴纳额会有很大变化。按第三种方案执行，将节省资金 18,000 元，筹划效率达 90%。

政策依据

《中华人民共和国印花税暂行条例》第三条规定：纳税人根据应纳税凭证的性质，分别按比例税率或者按件定额计算应纳税额。具体税率、税额的确定，依照本条例所附《印花税税目税率表》执行。

第96招 精确核算
同一凭证，多个金额要记好，否则多交印花税

经过近2年的建设装修，南平市王朝国际酒店拟定于年底开业，急需采购一批家具。经初步估算，总价值约6,000万元，其中：加工所需原材料5,000万元、加工费用1,000万元。一开始，王总准备仅就加工费用这一项与家具厂签订合同，原材料等金额可以通过合法的途径从委托加工合同所载金额中减除。但因家具厂属股份制企业，部分董事会成员认为在原材料取得途径方面难以变通，导致协商无果。

王总多次召集酒店财务人员讨论，都想不出妥善的解决方案。经请示总公司，决定向总公司长期财税顾问亮小一咨询，看看还有没有其他办法。

家具总价值约6,000万元，其中：加工所需原材料5,000万元、加工费用1,000万元。
如何进行财税规划？

如何进行财税规划？

【分析】

经过简短的电话沟通，亮小一认为，既然对方不认可压缩金额的方案，也不要强求，只能从完善合同条款方面入手，做

到精确核算。印花税法规定，同一凭证，因载有两个或两个以上经济事项而适用不同税目税率的，如未分别记载金额的，从高适用税率；如分别记载金额的，应分别计算应纳税额。在该笔业务中，酒店方面应就相关税目分开进行核算，让合同上不同税目的金额适用不同的税率。

【对比】

筹划前，不分别记载金额，按总价值计算应纳税额，从高适用加工承揽合同0.5‰税率，某家具厂和企业均应纳印花税3万元。

具体计算： 应纳印花税=6,000×0.5‰=3（万元）。

筹划后，分别记载金额，按材料费和加工费分开缴纳印花税，某家具厂和企业应纳印花税2.3万元。

具体计算：

应纳印花税=6,000×0.3‰+1,000×0.5‰=2.3（万元）。

【结果】

同一凭证，适用不同税率的经济事项，分别记载不同事项的金额，便可以节省0.7万元。

政策依据

1.《中华人民共和国印花税暂行条例施行细则》第十七条规定：同一凭证，因载有两个或者两个以上经济事项而适用不同税目税率，如分别记载金额的，应分别计算应纳税额，相加后按合计税额贴花；如未分别记载金额的，按税率高的计税贴花。

2.《中华人民共和国印花税暂行条例》附件《印花税税目税率表》规定：现行印花税适用比例税率和定额税率两种税率。比例税率共有13个税目，分别适用不同税率，其中：借款合同，适用税率为0.05‰；购销合同、建筑安装工程承包合同、技术合同等，适用税率为0.3‰；加工承揽合同、建设工程勘察设计合同、货物运输合同、产权转移书据合同、记载资金数额的营业账簿等，适用税率为0.5‰；财产租赁合同、仓储保管合同、财产保险合同等，适用税率为1‰；因股票买卖、继承、赠予而书立"股权转让书据"，适用税率为1‰。

第97招 未雨绸缪
剥离厂房和办公用房，轻松搞定房产税

高军在北京从事装修行业多年，名下有3家装修公司。最近和深圳朋友决定到平南县工业园区投资一家工业机器人生产企业，为保证企业的高标准设计，高军聘请了北京一家专业设计公司对新企业进行规划设计。

想到自己要离开北京一段时间，高军就请了一些在北京的老乡来公司一起聚聚，其中就有财税专家亮小一。席间，高军就自己下一步的投资计划及新厂规划同各位老乡进行了交流。当高总将新厂区规划设计效果图展示给大家欣赏后，亮小一将高总拉到一边，故作神秘地说："高总，只要你多敬我两杯酒，我就告诉你一件事，至少让你企业节约成本十几万元。"

多喝一杯酒，就节省资金十几万元！不可能吧？但想到亮小一是财税筹划方面的专家，而且他是从来不会乱开玩笑的人，高军决定还是先干为

敬，再听高人指点。两杯酒下肚后，亮小一指着规划设计方案向高总提出了建议。

【分析】

企业计划在工业园区新建独立的厂房，主要建设内容包括厂房、办公用房、围墙、水塔、露天凉亭、喷泉景观等。预计总造价 6,000 万元，其中厂房和办公用房建设造价 4,000 万元，其他设施建设造价 2,000 万元，当地房产税扣除比例为 25%。企业只要提前做好财务处理，将除厂房、办公用房以外的建筑物（如绿化和相关露天设施）与房产区别开来，就可以有效地减少房产原值。

【对比】

筹划前，不分开核算，则该企业应纳房产税 54 万元。具体计算：

应纳房产税额 = 6,000 × (1−25%) × 1.2% = 54（万元）。

筹划后，分开核算，因除厂房和办公用房之外的其他建筑均属于露天设施，可以不缴纳房产税，则企业应缴纳房产税 36 万元。

具体计算：

应缴纳房产税额 = (6,000−2,000) × (1−25%) × 1.2% = 36（万元）。

【结果】

第二种记账和核算方案可节省资金 18 万元。而且这是一年的金额，假设房子使用 40 年，则节省的资金相当可观。

政策依据

1.《中华人民共和国房产税暂行条例》第三条规定：房产税依照房产原值一次减除10%至30%后的余值计算缴纳。具体减除幅度，由省、自治区、直辖市人民政府规定。没有房产原值作为依据的，由房产所在地税务机关参考同类房产核定。房产出租的，以房产租金收入为房产税的计税依据。

2.《中华人民共和国房产税暂行条例》第四条规定：房产税的税率，依照房产余值计算缴纳的，税率为1.2%；依照房产租金收入计算缴纳的，税率为12%。

3.《财政部税务总局关于房产税和车船使用税几个业务问题的解释与规定》（财税地字〔1987〕3号）第一条规定："房产"是以房屋形态表现的财产。房屋是指有屋面和围护结构（有墙或两边有柱），能够遮风避雨，可供人们在其中生产、工作、学习、娱乐、居住或储藏物资的场所。

独立于房屋之外的建筑物，如围墙、烟囱、水塔、变电塔、油池油柜、酒窖菜窖、酒精池、糖蜜池、室外游泳池、玻璃暖房、砖瓦石灰窑以及各种油气罐等，不属于房产。

第98招　等价交换
房屋购置变等价交换，契税筹划变简单

近几年房价不断攀升，随着人们收入水平和理财观念的改变，在经济条件允许的情况下，更多人选择购买学区房陪读，而不是临时性租房陪读，这样待小孩毕业后，就可以将陪读的学区房转手出让，不但免了几年房租，说不定还会大赚一笔。

转眼到了6月，又到一年高考季，学区房的交易又活跃起来，小区麻将馆是陪读妈妈最集中的地方，这里有很多关于学区房交易的信息。小王准备将现在住的城关小学学区房卖掉，转移战场到二中陪读。都说三个女人一台戏，那真是热闹非凡，一进里面，马上就有人上来搭讪，原来小刘想买城关小学学区房，而且因为她女儿高中毕业，二胎要上小学，顺便要卖二中附近的住房，正所谓"来得早不如来得巧""破锅的碰到了补锅的"。

刚回到家，小王收到丈夫短信，说他在北京工作的老同学亮小一回来了，晚上要陪他一起吃饭后再回家。小王知道亮小一在县城税务部门有很多朋友，就将今天与小刘的巧合告诉了丈夫，叫他请亮小一尽量和县税务部门的朋友打个招呼，在缴纳税收时给予优惠。

【分析】

亮小一一听："这还不简单，你暂时不要管，一切等我明天的电话。"第二天，小王按照亮小一的指示，在他朋友的帮助下，到税务部门查询了自己和小刘两所房子在征管系统中的区域定价，结果两栋房子的区域定价和面积都一样。按照相关税法规定，交换价格相等的，免征契税。

【结果】

房屋交换以所交换的房屋价格的差额为计税依据，进行房屋交换所纳的契税远低于普通的房屋购置，所以纳税人可以将原来不属于交换的行为，通过合法的途径变为交换行为。该筹划方案具有一定的机会成分和合理的时机因素。采用亮小一的筹划方案后，整个经济交易活动双方均不用缴纳契税。

政策依据

1.《中华人民共和国契税暂行条例》（国务院令第224号）第四条规定：土地使用权交换、房屋交换，以所交换土地使用权、房屋价格的差额为计税依据。

2.《中华人民共和国契税暂行条例实施细则》第十条规定：土地使用权交换、房屋交换，交换价格不相等的，由多付货币、实物、无形资产或者其他经济利益的一方缴纳税款；交换价格相等的，免征契税。

第99招 销售再入股
先销后投，有利于消费税筹划

最近，金财公司想要买辆新车。亮小一趁着周末休息，便和同事李老师一起去老学员吴夕创办的金虎汽车4S店去试车。到了公司后，老学员安排客户经理陪同李老师去试车，随后两人便在办公室喝茶。

亮小一了解到金虎公司将以30辆小汽车对五州出租汽车公司进行投资，每辆车平均销售价格为18万元，最高销售单价格为20万元/辆。于是提醒老学员可以考虑先销售再入股，有利于公司纳税。

【分析】

金虎汽车生产公司虽没有直接发生销售行为，但以汽车进行投资，属于有偿转让应税销售品，按规定应当按照同类应税消费品的最高销售价格作为计税依据计算消费税。

【对比】

筹划前，直接投资应纳消费税60万元。
具体计算：应纳消费税=20×10%×30=60（万元）。
筹划后，先销售后投资应纳消费税54万元。
具体计算：应纳消费税=18×10%×30=54（万元）。

【结果】

金虎汽车生产公司将汽车销售给五州出租汽车公司，再进行投资，比直接投资节省资金6万元。

政策依据

国家税务总局《消费税若干具体问题的规定》第三条第六项规定：纳税人用于换取生产资料和消费资料，投资入股和抵偿债务等方面的应税消费品，应当以纳税人同类应税消费品的最高销售价格作为计税依据计算消费税。

第100招 退货也收益
退货不要怕,补税别着急

3月8日这天,亮小一抱着一个大包裹回公司,送给各位同事当节日礼物。大伙儿开心地拆开并摆满了一桌子。看着大小不一的精致瓶罐,一个个心里乐开了花,但又忍不住问亮小一:"亮老师,这得花不少钱吧。"亮小一呵呵一笑,并说:"没花钱,客户叶总送的。"随后,便跟大家说起了原委。

前阵子,叶总打电话咨询财税问题,提到他们公司去年9月出口一批自产高档化妆品,办理手续后发生退货,货物出口额850万元。12月,该批货物全部在国内销售。叶总问询怎样有利纳税,亮小一出招让他退税也受益。为表达感谢,叶总借妇女节之际给亮小一邮寄了化妆品,让他送给身边朋友。

【分析】

现行消费税对出口应税消费品规定了优惠措施，只要纳税人出口的消费品，不是国家禁止或限制出口的货物在出口环节均可以享受退（免）税的待遇，意在鼓励纳税人尽量扩大出口规模。

在出口产品因质量等问题被退货的情况下，依然存在着一定的筹划机会。税法中有这样的规定：由纳税人直接出口的应税消费品，办理免税后发生退关，或者国外退货，退回进口时予以免税的，可暂不办理补税，待其转为国内销售时，申报补缴消费税。从上述规定中，我们可能发现这中间蕴藏着资金的时间价值——利息。

【对比】

筹划前，9月退货即补缴消费税127.5万元。

具体计算：补缴消费税=850×15%=127.5（万元）。

筹划后，12月国内销售再补缴消费税127.5万元。

具体计算：补缴消费税=850×15%=127.5（万元）。

【结果】

退货即补缴消费税与国内销售再补缴消费税，不会减少税款的缴纳。但在货物出口到退货及退款之间，一方面纳税人可以无偿占有这笔退款的时间价值，另一方面在免税和补税的间隔中，纳税人又可以占有税款的时间价值。

政策依据

《国家税务总局关于取消销货退回消费税退税等两项消费税审批事项后有关管理问题的公告》（国家税务总局公告 2015 年第 91 号）第二条规定：纳税人直接出口的应税消费品办理免税后，发生退关或者国外退货，复进口时已予以免税的，可暂不办理补税，待其转为国内销售的当月申报缴纳消费税。

后记

财务的力量3：老板财税规划100招

CAIWUDELILIANG

我能为你做点什么

老板的5个高频问题

1.企业想做股权激励，年终给高管分钱、分利润，用内账报表还是外账报表？如果用内账，高管立即获得举报老板的把柄。如果用外账，数据不全是真的。

要想股权激励，先要财税规范。

2.老板想学稻盛和夫的经营理念，想要阿米巴经营、量化分权、独立核算……但是财务是混乱的，账也是糊涂的，如何阿米巴经营？

要想阿米巴经营，先要财税规范。

3.老板想做绩效考核，启动绩效管理。考核指标来自财务数据，但财务数据是一笔糊涂账，该如何做考核？

以销售人员考核指标为例：销售额、毛利率、回款率、费用率、新产品销售占比、客户满意度。

要想绩效考核，先要财税体系规范。

4.公司想上市或被并购，走向资本市场的最大障碍是什么？账务混乱与偷税问题。

要想上市或并购，先要规范财税体系。

5.老板想传承，少帅要接班，是传承一个风险公司，还是传承一个财税体系规范的公司？

少帅的想法：工作时间"955"、双休、公私分明。一边钓鱼，一边打高尔夫，还要把公司做得比之前大两倍。

要想科学管理，系统授权，先要规范财税体系。

民企老板关心什么

老板不懂财务或者只重视业务而忽视财务，导致企业在财务领域出现损失，比如运营低效、利润率降低、投资回报率减少、风险增加、资金紧张、投融资困难……这些问题都是企业经常遇到的并令老板感到苦恼的。

财务管理的三大主题：增加利润、降低风险、增加现金流，这些都是老板关心的。但是问题如何解决呢？老板在经营管理过程中应该有一套怎样的思维体系？从哪找一套解决问题的系统工具？谁能帮老板做财务流程和体系的构建与执行？

总的来说，要实现上述三大目标，老板需要三个"一"：一套完善的财务系统、一名优秀的财务总监、一支胜任的财务军团。

我们要做什么

专注于财务管理实践，致力于财务技术的应用与开发，因为"爱财务、爱生活"的理念，我们一群从事财务工作的热心人士，在2005年创办了"中国财务技术网"。

财务技术网创立的前三年时间内，一直在做沙龙活动、高端财务课程研发等工作。数百场沙龙与课程研发的讨论，几十位财务高手的共同参与，研发了60多个财务课程专题。

2012年，我们重新成立了"金财咨询"，并在原来的基础上，总结形成了后来带来数亿元销售收入的"企业财务系统"。

2009年至2019年间，累计培训了10多万位老板、高管和财务人员。在这些培训过程中，也进一步升级了民企财务管理的课程体系。财务体系构建是民企成长中的必经之路。构建基于企业经营、管理需求的"大财务"，而不是建立应付税务局的"小财务"或"糊涂账"。

在帮助企业建立财务系统的过程中，我们发现企业老板普遍缺乏财务基础。老板懂财务是企业建立财务系统的基石，老板喜欢财务、有财务思维、擅长运用财务工具、知道向财务人员提要求、习惯数据化决策，是决定企业财务系统构建顺利的关键因素。

财务人员的胜任能力，决定企业的财务系统能否得到强有力的落地和执行。财务人员的专业技术、综合素养、职业经理的能力都至关重要，为企业打造一支"来之能战、战之能胜"的财务铁军，是5000多位历练过"财务军团"训练营的财务人员所共同奋斗的目标。

"苗好，土壤也要好！"企业的高管环境决定财务与业务的一体化程度，高管有财商，能用财务的思维去思考业务，打通财务与业务的壁垒，用财务数据指导业务运营的方向，财务系统方能得以真正落地和通畅运行。

基于以上逻辑，我们设计了一个企业财务升级金字塔模型。如下图所示。

我们能做什么

近20年来，我一直从事财务工作，包括财务分析、ERP信息化咨询、审计、IPO上市、财务治理等。这一路走来，特别是创办财务技术网、金财咨询以后，我始终坚持团队制胜的运作方式，建立了我们的课程体系、咨询体系和人才体系。

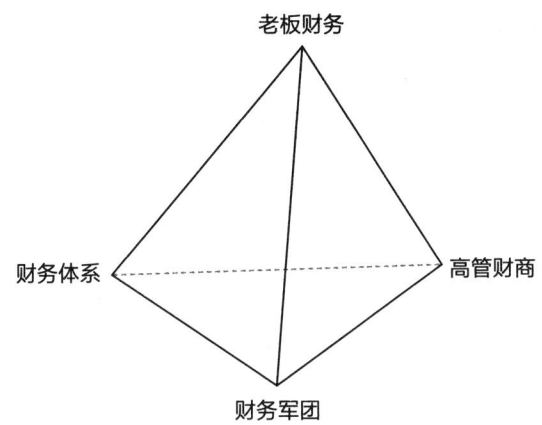

企业财务升级金字塔模型

1. 财务升级之课程体系

一个懂财务的老板。"老板利润管控"课程主要起到财务的启蒙与普及作用，是一堂通俗易懂的老板财务学习项目。涉及内容包括：股权、税务筹划、利润提升、财务规范等。客户收获有：轻松看懂报表、实现利润增长、打通财务与业务壁垒等。

一套完善的财务体系。"财务体系"，一个专门帮助企业建立完善财务管理体系的咨询式课程。"老板＋财务人员＋财税咨询师＋电脑＋方案工具"，全面为企业梳理、建立财务五大系统和方案：财务战略与支撑系统、账系统、税系统、钱系统、财务管控系统。

一支强大的财务军团。"财务军团"是专门帮助老板训练其财务部门全体人员胜任能力的课程，结合了数百家企业的财务咨询经验，总结了300多条财务人员应该会却不会的技术绝招，提升财务技术、效率、忠诚度，重塑财务角色与使命，使其成为一名优秀的财务人员或一支强大的财务团队。

一个有大财商的高管团队。"总裁财税思维"是专门训练各部门经理、高管财商的课程。从财务运营的角度，提升利润率、加快周转率、管控财务风险。课程内容包括营销财务、采购财务、生产财务、研发财务、人力财务、运营财务、总经理财务等。业务人员懂财务，企业财务流程、数据化体系将产生巨大效能裂变。

2.财务升级之咨询体系

财务系统建设咨询，包括股权架构设计咨询、账钱税系统咨询、预算系统咨询、内控系统咨询、ERP信息化咨询、税收筹划咨询、并购重组与IPO上市辅导咨询等。

财务强则企业强，企业强则中国强。"金财"是我们的道场，财务是我们的手段，课程与咨询是我们"敬天爱人"和"普度众生"的媒介，我们已经做好了准备——用财务为客户创造价值。不敢言大，但求专精，将毕生精力投入企业大财务管理升级之中，这是我们可以做到的。

财务创造美好生活，爱财务，爱生活！

学员联名推荐

张金宝老师讲授的财务系列课程,通俗易懂,趣味生动,针对民营企业财务管理实践,落地性强。课程中的许多方法、技术和工具,对我们企业产生了实实在在的收益。其中大部分公司达到了利润提升20%以上(部分企业利润增长至400%以上)、财务税务风险大幅降低、现金流明显增加的效果。同时也建立了自己企业的管理"驾驶舱"和内部管理报表体系,能够轻松阅读财务报表,打通财务与业务的壁垒,可以用财务来管理业务与经营,为企业从"小财务"到"大财务"升级提供了技术保障。

我们很高兴看到,张金宝老师将他的部分财税思维与工具著作成书,让更多的企业家受益,让他们在财务管控与财务体系建设方面走得更加稳健,实现企业经营利润持续增长。在此,我们向全国所有的民营企业家联名推荐此书!(以下排名不分先后)。

◇食品/餐饮

山东凯奇餐饮有限公司 总经理	姜朝霞
丹东大丰食品有限公司 副总经理	李忠焱
山东梁山徐坊大曲有限公司 总经理	徐 伟
丹东元一海产精制品有限公司 董事长	高 飞
聊城好佳一生物乳业有限公司 董事长	李 强
山东康泉食品有限公司 副总经理	刘环环
好生活上海农副产品配送服务有限公司 副总经理	谢泽军

◇服装/纺织/服饰

兰希纺织品有限公司 总经理	赵业兰
东莞市博弈纺织有限公司 总经理	朱国明
浙江高氏杰服饰有限公司 总经理	高泉建
北京吉兴盛安工贸有限公司 董事长	马 坤
北京素罗依服装有限公司 董事长	张 琪
南通爱格斯凯服饰有限公司 总经理	朱丹丹
武汉市道祺针纺服饰有限公司 总经理	李穗明

◇零售/贸易/服务

济南众康商贸有限公司 董事长	王庆彦
青岛嘉源汇美商贸有限公司 总经理	洪桂玲
山东靓颖财务管理有限公司 总经理	吕祖芹
山东五洲汽贸集团 副董事长	陈东广
南宁市夏朵商贸有限公司微妮亚商贸 总经理	刘丽萍
天津威玛特国际贸易有限公司 总经理	陈 曦
天津滨海新区中鑫隆贸易有限公司 总经理	王永刚
江门市柏兰登照明有限公司 总经理	秦久刚

北京安寓辰保安服务有限公司 董事长	陈志强
北京纳成商贸有限责任公司 总经理	朱海花
杭州淘斯电子商务有限公司 董事长	杨铁辉
沈阳轶盛朗捷商贸连锁有限公司 总经理助理	吴　野
武汉华中新世纪人才股份有限公司 总经理	段孟夫
青岛宝丰投资集团有限公司 总经理	邵　伟
北京冀鹏海丰瑞通工贸有限公司 董事长	李蓬勃
淄博普利斯经贸有限公司 总经理	孟丽君
常熟市欣鑫经纬编有限公司 董事长	黄忠清
四川创建医药贸易有限公司 总经理	李　斌
武汉市美创卓越商贸有限公司 董事长	周美方
山东高盛物流有限公司 总经理	徐桂栋
深圳市朵莉思商贸有限公司 总经理	蔡彬弟
宁波歌润进出口有限公司 总经理	张晓艳
长沙智源玩具有限公司 董事长	郑志武
广西领头羊投资管理合伙企业（有限合伙）副总经理	刘少杰
武汉誉天恒越人力资源服务有限公司 总经理	张智勇
广西动璟建筑规划设计有限公司 总经理	陈　杰
宁波远恒国际贸易有限公司 总经理	严传华

◇教育／培训／文化／艺术

博文教育有限公司 董事长	任志俭
滨海教育集团 副总经理	陈光华
北京百思艺腾文化传媒有限公司 总经理	杨　坚
积木早教有限公司 董事长	刘志华
哈尔滨品格文化传播有限公司 董事长	尚　潇
重庆视觉色装饰有限公司 总经理助理	王鹤峰

海南儒艺交通规划勘察设计有限公司 总经理　　　徐登云
武汉快学教育发展有限公司 副总经理　　　　　陈　波
◇医药/医疗器械/保健
东莞市源生医药有限公司 总经理助理　　　　　杨　竞
德州禹王集团 副总经理　　　　　　　　　　　王殿春
广西同胤医疗器械有限公司 总经理　　　　　　冯　驰
深圳市全标药业有限公司 总经理　　　　　　　钟利文
威怡美容有限公司 董事长　　　　　　　　　　肖春兰
重庆爱瑞阳光眼科医疗产业股份有限公司 董事长　李马号
重庆辽远医疗科技有限公司 总经理　　　　　　陈　松
北京民康百草医药科技有限公司 董事长　　　　刘云涛
吉林天三奇药业有限公司 董事长　　　　　　　李盛学
四川圣欣医药有限公司 副董事长　　　　　　　王元珍
韶关市卓兴药业有限公司 总经理　　　　　　　郑兴涛
沂水县春天大药房连锁有限公司 总经理　　　　花鑫磊
◇科技/计算机信息技术/通信/系统集成
上海舞泡网络科技有限公司 董事长　　　　　　盛苗珊
江苏高标科技发展有限公司 总经理　　　　　　张　虹
山东鲁晶化工科技有限公司 董事长　　　　　　张光明
深圳市金蓝海电子有限公司 总经理　　　　　　魏青岭
杭州途宽通信技术有限公司 董事长　　　　　　宋川川
上海石易电子科技有限公司 董事长　　　　　　王长军
厦门三德信电子科技有限公司 总经理　　　　　吴雪和
武汉中移信联科技股份有限公司 董事长　　　　李建林
天津领军环保科技有限公司 董事长　　　　　　韩志军
余姚市日昇环保科技有限公司 总经理　　　　　何卓利

江苏小太阳机械科技有限公司 总经理	陈春红
济南富国天瑞科技有限公司 总经理助理	黄一明
深圳市百得力电子有限公司 总经理	闫学众
山东欧宇动力科技有限公司 副总经理	张倩倩
惠州诺盾高科电子有限公司 董事长	田济民
重庆锦煌智能控制工程有限公司 总经理	李雪慧
北京天韵太阳科技发展有限公司 董事长	房聚银
北京浩佳供热空调技术公司 董事长	石晓伟
北京潮白环保科技有限公司 副董事长	方轰兵
山东泽世新材料科技有限公司 总经理	周 晓
济南精科艺科技有限公司 董事长	杨 勇
北京汪小荷服装科技有限公司 总经理	陈玲玲
厦门海源鑫电子科技有限公司 财务总监	龚荣华
深圳市深远通科技有限公司 总经理	蒋祖好
深圳超盈智能科技有限公司 总经理	蔡惠珍
徐州宾果数码科技有限公司 总经理	祁银银
湖南铃本环保科技有限公司 总经理	廖 岚
深圳市华旭科技开发有限公司 总经理	董 洁
厦门同创兴科电子科技有限公司 副总经理	林 艳
山东好希望教育科技有限责任公司 董事长	王洪波
福建仙芝楼生物科技有限公司 董事长	张 华

◇ 建筑/建材/装饰/工程/机械

丹江口市宇箭水利电力工程有限责任公司 董事长	王家武
山东森和建筑工程有限公司 董事长	张丁森
宝鸡市恒瑞包装带有限责任公司 总经理	张 凯
江西富鸿金属有限公司 副董事长	欧阳瑾楠

涿州皓原箔业有限公司 总经理	张佑威
东营市垦利区水利工程公司 总经理	吕景敏
福建宏丰集团 股东	蔡慧萍
青州市建富齿轮有限公司 总经理	戴秀丽
天津津强岩土工程有限公司 副总经理	石 颖
武汉汉发建设工程有限公司 总经理	秦园园
湖南正达纤科机械制造有限公司 董事长助理	杨清湖
山东泽世新材料科技有限公司 总经理	周 晓
张家口家诚首佳新型建材股份有限公司 董事长	董有胜
厦门常春城建筑工程有限公司 董事长	苏志坚
江西宏发路桥建筑工程发展有限公司 总经理	黎 芳
湖北海发建设工程有限公司 总经理	胡海方
福建艺景园林工程有限公司 总经理助理	彭瑞梅
厦门市深富华园艺有限公司 董事长	代光明
赛飞特工程技术集团有限公司 董事长	李 迪
广西众建工程设备有限公司 副总经理	黄建成
湖南雪宝装饰建材有限公司 财务总监	龙生辉
河北沃克曼数控机械有限公司 董事长	逯宪斌
张家口市鼎力岩土治理有限公司 董事长	张延军

◇生产/加工/制造

山东龙祥橡塑制品有限公司 总经理	李群英
济南绿洲复合材料有限公司 总经理	周 霞
太仓市天丝利塑化有限公司 副总经理	严晓杰
山东利尔新材股份有限公司 董事长	于 讯
宁波国创机车装备有限公司 总经理	许丹静
浙江华力电气设备有限公司 董事长	郑秀珠

山东兴鲁化工股份有限公司 总经理	张之峰
深圳市华诚达精密工业有限公司 董事长	陈　平
烟台市鲁电线路器材有限公司 董事长	柳京涛
青岛三合山精密铸造有限公司 副总经理	穆伟刚
中山市威信柏五金制品有限公司 总经理	滕　达
梁山吉富钢管有限公司 董事长	韩广海
济南维康安防电子有限公司 总经理	曹有军
武汉天虹仪表公司 总经理	李虹杰
湖北卫东控股集团有限公司 总经理	胡八明
江苏尚坤电力安装有限公司 副总经理	陆仁奇
青岛海空压力容器有限公司 总经理	郑美燕
苏州仁和商用设备有限公司 董事长	陈文元
太仓市信逸纺织化纤有限公司 总经理	顾咏梅
重庆海怡天实业有限公司 董事长	金　敏
上海剑平动平衡机制造有限公司 总经理	王　进
宝鸡光宇物资公司 总经理	王　晓
昆山科信高分子材料有限公司 副总经理	郑金高
扬州凯莱旅游用品有限公司 总经理	杭伟琴
潍坊奥博仪表科技发展有限公司 董事长	张玉芬
中山中松电器有限公司 总经理	陈建麒
武汉精瑞达金属制品有限公司 董事长	巴新安
济南中冶高温材料公司 总经理	刘　静
长春市隆达新型建材有限公司 总经理	冯　丽
昆山竭诚机械有限公司 副总经理	邱梅刚
武义博雅五金制品有限公司 董事长	应美妃
四川钻神智能机械制造有限公司 总经理	兰　霞

枣阳东航塑编彩印有限公司 总经理　　　　　郭会群
杭州怡田工具有限公司 总经理　　　　　　　吴平成
武汉天门鑫隆置业有限公司 董事长　　　　　孙仁杰
内蒙古维克多利纸业有限股份公司 董事长　　刘绅礼
北京中大蓝天玻璃有限公司 总经理　　　　　安喜菊
北京金盾建材有限公司 董事长　　　　　　　闫志刚
江西绿巨人集团 董事长　　　　　　　　　　周　军
苏州市华威电梯部件有限公司 总经理　　　　宗月琴
江西福山众品鑫包装有限公司 总经理　　　　付丽萍
广州重生化妆品实业有限公司 董事长　　　　姜　敏
天津市春鹏预应力钢绞线有限公司 总经理　　边壮伟
北京中福通信工程有限公司 副总经理　　　　吴嘉亮
安丘市增塑剂厂 总经理　　　　　　　　　　杨春天
亚太泵阀有限公司 董事长　　　　　　　　　常　磊
深圳市磁能自动化设备有限公司 总经理　　　傅晓娜
泰州瑞柏化工有限公司 总经理　　　　　　　王　艳

◇家居/家具

芝罘区丹枫家具有限公司 总经理　　　　　　刘顺庆
沧州市楷模家居 董事长　　　　　　　　　　朱晓敏
佛山市金龙恒家具有限公司 总经理　　　　　黄豪昌

◇汽车/摩托车/交通运输

北京标龙京津汽车销售服务有限责任公司 董事长　高　峰
厦门乘安汽车销售服务有限公司 总经理　　　黄金圣
长治市鼎瑞汽车销售有限公司 总经理　　　　李　玲
青岛海之冠汽车配件制造有限公司 总经理　　刘　哲

◇房地产/物业

青岛宏运东都大酒店有限公司 副总经理	李　娜
邯郸市新卓房地产开发有限公司 总经理	林鸿章
山东中住地产经纪有限公司 总经理	李立华
广州市金点物业管理有限公司 总经理	宋方玲
义乌市罗奇房地产营销策划有限公司 总经理	杨小丽
内蒙古融兴房地产开发有限责任公司 法人	李晓敏
长春豪邦房地产开发集团有限公司 董事长	崔　琳
菏泽丹阳房地产 总经理	张学杰